AF458972

DES OBLIGATIONS
DE L'USUFRUITIER

DANS LE DROIT ROMAIN. — DANS L'ANCIEN DROIT

DANS LE DROIT ACTUEL

8° F
2687

DES

OBLIGATIONS

DE L'USUFRUITIER

DANS LE DROIT ROMAIN

DANS L'ANCIEN DROIT

DANS LE DROIT ACTUEL

PAR

Henri-Louis GAUCHER

DOCTEUR EN DROIT

PARIS

ALPHONSE DERENNE

52, Boulevard Saint-Michel, 52

1882

DROIT ROMAIN

PRÉAMBULE

Le principe qui domine toute la matière de l'usufruit est celui-ci : L'usufruitier et le nu-propriétaire, considérés en ces seules qualités et abstraction faite des contrats qui peuvent les engager spécialement l'un envers l'autre, ne se doivent rien. Le droit de propriété se trouve simplement fractionné entre eux deux, il y a désormais deux droits tout à fait indépendants l'un de l'autre, tous les deux portant directement sur la chose, et impliquant chacun pour toute obligation le respect de l'autre.

De cette proposition il découle plusieurs conséquences fort importantes pour déterminer le fondement des obligations de l'usufruitier, ce qui constitue spécialement le sujet de cette thèse.

L'usufruitier ne doit rien au nu-propriétaire en sa qualité d'usufruitier de même que le nu-propriétaire ne doit rien à l'usufruitier en sa qualité de nu-propriétaire. Respecter les droits l'un de l'autre, voilà tout ce qui incombe à chacun d'eux. Que si nous les trouvons liés ensemble par des obligations positives et actives, ce ne sera qu'en vertu de contrats spéciaux, consentis volontairement ou dérivant de l'autorité de la loi, mais jamais issus de la nature de leur droit réciproque. Que si nous trouvons l'usufruitier tenu d'acquitter les impôts ce n'est pas à raison d'une obligation vis à vis du nu-propriétaire, c'est parce que ces charges pèsent sur la propriété plus que sur les personnes et que l'usage est de les payer sur le revenu.

Si nous le trouvons tenu de pensions alimentaires c'est encore parce qu'elles n'ont été imposées au propriétaire qu'en considération du fonds.

S'il doit respecter la forme spéciale et la destination de la chose, c'est là une simple condition d'exercice et une limite imposée à son droit, mais non un engagement vis à vis du nu-propriétaire.

Allons plus loin.

L'obligation de ne pas dégrader la chose provient de ce qu'elle ne lui appartient pas mais non de ce qu'il n'a sur elle qu'un droit d'usufruit.

L'obligation même de restituer à l'extinction du l'usufruit naît tout simplement du fait de détenir sans cause qui se produit nécessairement au moment où la cause disparaît.

En résumé les obligations de l'usufruitier n'existent pas à l'égard du nu-propriétaire.

Les deux grandes obligations de ne pas dégrader la chose et de restituer sont pleinement indépendantes de la qualité actuelle ou antérieure d'usufruitier.

Les obligations spéciales de payer les impôts, les pensions alimentaires, de respecter la forme et la destination de la chose naissent bien de son droit si l'on veut mais en sont plutôt la simple condition d'exercice et la limite elle-même.

Si nous trouvons l'usufruitier engagé vis à vis des nu-propriétaires ce ne sera qu'en vertu de promesses conventionnelles facultatives que le préteur intervenant rendre plus tard obligatoires sou la forme de satisdations forcées.

Ces prémisses posées qui d'ailleurs seront amplement justifiées par la suite nous permettent de prendre parti sur la controverse qu'a fait naître la définition même de l'usufruit (L. 1, D. *de usufructu et quemadmodum quis utatur fruatur*). *Usufructus est per alienis rebus retendi fruendi, salva rerum substantia*, que nous traduisons ainsi : L'usufruit ne subsiste que *salva rerum substantia*, c'est-à-dire qu'il s'éteint par la perte de la chose, et en élargissant le sens apparent des textes, par la transformation de la chose. En effet sans cette extension de la portée des textes la définition n'aurait pas grande valeur et le mode d'extinction n'aurait rien de spécial au droit d'usufruit. Le mot *substantia* d'ailleurs a une valeur spéciale qu'on ne peut rejeter. Ce n'est pas l'objet lui-même, c'est sa forme et sa manière d'être actuelle (L. Ulpien, XXIV, § 26).

Mais le système que nous voulons surtout écarter est celui qui tendrait à interpréter la définition de Paul dans un sens hostile à nos propositions en disant que Paul et Justinien voudraient dire que l'usufruitier est *obligé* de jouir en bon père de famille. Or cette obligation de jouir *boni veri arbitratu* ne dérive pas, comme nous l'avons dit, de la nature du droit de l'usufruitier, mais de promesses conventionnelles facultatives d'abord et rendues ensuite obligatoires par l'intervention du préteur. Comment alors supposer que la définition du droit comprenne des conséquences qui ne sont pas en germe dans le droit et qui ne jaillissent pas de la nature du droit lui-même ? Cette définition n'a-t-elle pas un sens bien plus satisfaisant si on y voit l'expression de cette idée que l'usufruit s'éteint par la perte de la chose et spécialement en raison de la nature du droit de l'usufruitier par la transformation de la chose équipollente à la perte elle-même ?

C'est sur ce principe certain de l'indépendance des droits des titulaires de la nue-propriété et de l'usufruit que nous établirons notre étude des obligations de l'usufruitier.

C'est pourquoi nous étudierons d'abord les obligations de l'usufruitier en dehors des conventions qui peuvent être établies entre lui et le propriétaire et des stipulations qui ont pu par la suite lui être imposées par la loi prétorienne.

Voici donc la division de notre sujet :

PREMIÈRE PARTIE

OBLIGATIONS EN DEHORS DE PROMESSES FACULTATIVES OU OBLIGATOIRES.

Obligation de ne pas dégrader la chose garantie par la loi Aquilia.

Obligation de restituer, garantie par la *rei vindicatio*.

Obligations spéciales d'acquitter les impôts, de payer les pensions alimentaires, de respecter la forme spéciale de la destination de la chose.

DEUXIÈME PARTIE

OBLIGATIONS RÉSULTANT DE PROMESSES RENDUES OBLIGATOIRES PAR L'INTERVENTION DU PRÉTEUR.

1o Promesse de jouir en bon père de famille.

2o Promesse de restituer.

PREMIÈRE PARTIE

OBLIGATIONS EN DEHORS DE PROMESSES FACULTATIVES OU OBLIGATOIRES

OBLIGATIONS GÉNÉRALES.

1° *Obligation de ne pas dégrader la chose.*

A titre d'exemple :

L'usufruitier ne doit pas déraciner les arbres fruitiers, ni démolir la maison, ni rien faire qui dégrade la propriété (L. 13, § 4, D. *de usuf.*) (Ulp).

Labéon dit en général, que l'usufruitier de meubles doit faire en sorte de ne commettre sur eux aucun acte de brutalité et aucun excès qui puisse en compromettre la valeur (L. 15, § 9, D. *de usuf.*).

Cette obligation de ne pas dégrader la chose provient de ce que la chose n'appartient pas à l'usufruitier. Or nul n'a le droit de dégrader impunément la chose d'autrui. Donc l'usufruitier qui a commis des actes dégradant la chose, tombe sous le coup de la loi qui punit de pareils actes c'est-à-dire de la loi Aquilia, de l'*interdictum quod vi aut clam* et au besoin de l'action *furti* : *sicut quemlibet aliena qui in aliena re tale quid commiserit* (L. 13, p. 2, D. *de usuf.*).

Rappellons sommairement que par l'action de la loi Aquilia (1er et 2e chef), on atteindra le dommage causé matériellement à la chose par le corps même de l'auteur du délit *corpore corpori.* La jurisprudence en étendit, il est vrai, le principe et donna une *actio utilis* dans le cas où l'agent avait causé le dommage à notre chose sans la toucher matériellement *corpori nec corpore.*

Mais remarquons que dans le droit civil pur la condition *corpore corpori* était nécessaire : cela nous sera utile pour expliquer l'intervention du préteur imposant à l'usufruitier une satisdation obligatoire (L, 27, § 5, D. 9, 2).

Par l'*interdictum quod vi aut clam*, on atteindra les constructions et les travaux nuisibles quelconques faits par l'usufruitier *vi*, c'est-à-dire au mépris de l'opposition du nu-propriétaire, ou *clam*, c'est-à-dire clandestinement ou au moins sans que le constructeur, tout en prévoyant ou ayant dû prévoir les conséquences préjudiciables que ces travaux devaient avoir pour la propriété, en ait averti le propriétaire (D. *quod vi aut clam*, 43, 24).

Enfin par l'action *furti*, on atteindra le vol lui-même ou l'usage illicite de la chose *cum affectu furandi.*

2° *Obligation de restituer.*

Comme tout détenteur sans cause, l'usufruitier est tenu de restituer la chose, une fois l'usufruit éteint. Cette obligation est garantie par le *rei vindicatio* (L. 7, pr. D. VII, IX). Ulpien ajoute : et, *si objiciatur exceptio de re ususfructus nomine tradita, replicandum erit.*

Par la revendication le nu-propriétaire fera condamner l'usufruitier ou ses héritiers à rendre la chose, mais la chose seulement. De plus la revendication ne compétera régulièrement que contre le possesseur ou détenteur. Donc elle ne pourrait compéter contre l'usufruitier ou son héritier, si à l'extinction de l'usufruit, ils ne se trouvaient pas en possession ; soit que l'héritier ait vendu la chose de bonne foi, soit même, cela pourrait se soutenir, que l'usufruitier ait fait passer la chose entre les mains d'un tiers. De plus la revendication met le revendiquant dans la nécessité de prouver que la chose lui appartient. Contentons-nous de signaler dès maintenant ces graves défectuosités de la revendication toute nue, qui feront comprendre le besoin du complément des promesses facultatives d'abord et dans la suite de la caution usufructuaire obligatoire. Ces défectuosités seront mises par nous plus en relief quand nous exposerons les remèdes qu'y apporte la convention de la loi.

OBLIGATIONS SPÉCIALES.

1° L'obligation de payer *les impôts* ordinaires ou extraordinaires résulte plus spécialement pour l'usufruitier sans pour cela lier vis à vis du propriétaire. En effet ces sortes de charges pèsent sur la propriété plutôt que sur la personne et l'usage est de les payer sur les revenus. Ces revenus, l'Etat nous en demande une portion pour nous garantir la conservation de nos propriétés. L'usufruitier ayant tous les revenus, doit supporter les impôts (L. 7 § 2 D h. h.). Tel est aussi le sens de la loi 52 (L. 52. D. VII, I). *Usufructu relicto, si tributa ejus rei præstantur, ea usufructuarium præstare debere dubium non est.* Or il ne faut pas lire la phrase « *Si tributa ejus rei præstentur* » comme une condition apposée au legs « *usufructu relicto* » mais il faut l'entendre ainsi : Si le fonds est assujetti à des tributs, c'est à l'usufruitier à les payer.

Et l'usufruitier paiera non seulement les charges dues au souverain mais encore celles dues à une cité, à un municipe, ou même à un simple particulier.

Ulpien cite dans la loi 7 § 2 :

Le *Stipendium*, impôt à payer, sous l'Empire romain, à l'*ærarium*, trésor du peuple dans les provinces du sénat.

Le *Tributum*, ou impôt à payer au fisc, trésor de l'empereur, dans les provinces de l'empereur.

Le Solarium, redevance imposée pour le sol, due par les superficiaires. C'est le texte que préfère Pothier dans une note de ses Pandectes, contre le texte florentin « *Salarium*. »

Ajoutons avec Paul (L. 28, DPXXXIII, II) :

Les *vectigalia*, expression qui désigne et les redevances pour concession emphytéotique et tous les revenus publics en général (L. 1, D. XXXIX, IV).

Les *impôts extraordinaires* (*indictiones temporariæ*) tout comme celles qui sont perpétuelles et permanentes, parce que les unes et les autres sont également réputées charges des fruits (L. 28, D. XXXIII, II) comme le jurisconsulte Paul le décida.

Les *charges pour la construction ou l'entretien d'un chemin*, d'une route, d'un égoût, d'un aqueduc, etc. Ces charges retombent sur ceux qui possèdent les fonds attenant au chemin, à la route etc. parce que ce sont eux principalement qui en profitent (l. 27 § 3).

Les annonæ. Annonas autem is solvere debet qui possessiones tenet et fructus percipit (l. 2, C. X, XVI).

Les *annonæ* sont les vivres ou redevances en nature à fournir au fisc, ou à un municipe, soit à vil prix, soit gratuitement. C'est là une charge qui par son objet même, doit se prendre sur les revenus et dès lors être supportée par celui qui perçoit les fruits. Il en est de même des réquisitions en nature frappées par un corps d'armée à son passage (l. 27, § 3).

Solent et fisco fusiones præstare, dit Ulpien à la fin du paragraphe. Peut-être faut-il lire, dit Pothier, *functiones*, c'est-à-dire contributions de tout genre. Cependant la loi 6 du Code Théodosien *De Indulg. cred.* et les notes de Gothfried autorisent la première lecture. Du reste rien ne s'oppose à ce que le titre constitutif d'usufruit mette les impôts de ce fonds à la charge de l'héritier (l. 52 *in fine*). Et voici alors comment les choses se passeront. L'usufruitier en tant que possesseur n'en sera pas moins poursuivi pour l'impôt. *In vectigalibus ipsa prœdia, non personœ conveniri « ut Antoninus* et *Verus rescripserunt »*, mais il aura un recours contre l'héritier (l. 7, D. XXXIX, IV. *Papirius Justus*).

2° L'obligation spéciale de payer les pensions alimentaires naîtra pour l'usufruitier du même motif. Elles n'ont en effet été imposées au propriétaire qu'en considération du fonds (l. 7, § 2) soit que le testateur lègue l'usufruit d'un fonds à une personne à charge de payer à une autre une pension en nature, soit que le testateur soit déjà tenu lui-même d'une pension alimentaire sur ce fonds.

Il est bien entendu que la pension ne devra être payée que jusqu'à concurrence des revenus perçus par l'usufruitier (l. 20 § 2, D. XXIV, 1), « *ex reditu fundi* » (l. 114, § 3, D. *de legat.*). 1° *Quia placet non plus posse rogari quem restituere, quam quantum ei relictum est.*

Le motif de la réalité de ces charges qui les fait peser sur l'usufruitier nous montre très bien pourquoi l'usufruitier même d'une universalité ou d'une quote part de tous les biens, n'est pas tenu des autres dettes du défunt qui, elles, sont attachées à la personne du débiteur et ne constituent point des charges grevant les biens.

3° L'obligation spéciale de respecter la forme et la destination de la chose nous apparaît, de même que les deux autres, comme la simple condition d'exercice et la limite même du droit de l'usufruitier.

Respect de la forme.

L'usufruitier qui violerait cette obligation encourrait la perte de son droit par la *mutatio rei.* Par exemple l'usufruitier qui d'un bain ferait une habitation, d'une boutique un appartement perdrait son droit d'usufruit : *dicendum est usufructum extinctum* (L. 12, D. VII, IV).

Il ne peut pas par exemple transformer un jardin d'agrément en un potager (l. 13, § 4).

Il ne peut, nous dit Ulpien, à la loi 13, p. 7, ni enlever, ni mettre des cloisons, « *neque refugia aperire, neque atrium mutare.* »

Poterit committere marmora (même loi). Neratius dit au contraire à la l. 44. « *Non potest novum tectorium* (1), *parietibus que rudes fuissent imponere.*

D'où l'on conclut qu'aux murs déjà revêtus on pourra ajouter un enduit, un vêtement nouveau, tandis qu'à la base même de la cloison on ne le pourrait pas. *Aliud est tueri, ac novum facere.*

On ne pourra pas de même achever un édifice commencé : car il y a évidemment là un *novum factum* (l. 7 *in fine*, l. 8). *Neque autem ampliare nec utile detrahere posse, quamvis melius repositurus sit.* Ulpien dit qu'il ne pourrait pas élever plus haut la construction *quia tectum magis turbatur.* Il nous semble qu'il pourrait tirer des principes une raison meilleure que celle-là.

Il ne peut pas boucher les jours. Nerva filius dit qu'il pourra au contraire en pratiquer. Pothier (Douaire 218) rejette cette distinction par cette raison qu'il y a toujours là défaut de respect de

1. Sunt autem tectoria inscrustationes splendorem transmittentes quœ, ex gypso et alce, vel el marmore tuso compositæ, parietibus inducebantur et illinebantur (Vitruv. lib. 2, cap. 4).

la forme et que de nouvelles fenêtres peuvent rendre un appartement trop froid en hiver.

Peut-il ouvrir des mines et des carrières? Il le peut. « *Si nihil agriculturæ nocebit* » (l. 13, § 5). Voici par quel raisonnement on peut soutenir que l'usufruitier peut ouvrir des mines ou carrières qui n'étaient pas exploitées au commencement de l'usufruit.

Les mines et les carrières existaient dès avant leur ouverture, seulement elles étaient cachées. En les ouvrant l'usufruitier ne fait que les mettre à découvert. Il ne crée rien de nouveau. Il ne fait qu'exploiter une partie des fonds que le propriétaire n'exploitait pas. Or cela lui est certainement permis. Il n'y a pas là de *novum factum*.

Il ne peut construire sur le fonds, si ce n'est les bâtiments nécessaires pour percevoir les fruits (l. 13 § 6).

D'où il ne sera pas réputé manquer à l'obligation de respecter la forme. « *Si casa in area ad custodiam mercium ponatur.* » (l. 73).

Respect de la destination.

L'usufruitier ne doit pas employer la chose à un autre usage que celui auquel elle est destinée.

Ainsi il ne pourra louer la maison à quelqu'un qui en ferait des bains publics ni se servir d'une habitation d'agrément pour le commerce et en faire une boutique ou un magasin : *non magis quam si stabulum quod erat domus jumentis aut carracis vacans, pistrino locaverit* (l. 13 § 8). De cette obligation il suit aussi :

Que l'usufruitier ne pourra envoyer de troupeaux que sur les terres destinées aux pacages, sur les *novales* (l. 30 § 3), que l'usufruitier d'un esclave devra s'en servir suivant sa destination

(l. 15, § 1), que l'usufruitier d'un vêtement de théâtre ne peut s'en servir autrement qu'à la scène (l. 15, § 5).

Mais l'usufruitier pourrait se servir de la chose pour l'usage auquel elle est destinée même *cum rei periculo.*

Navem navigatum mittendam puto licet naufragii periculum immineat (l. 12, § 1).

Libre à l'usufruitier qui respecte la forme et la destination de la chose de faire toutes les améliorations et tous les embellissements imaginables : mais il ne pourra ni les enlever, ni exiger aucune indemnité. Loi 15, *pr. Sed si quid inædificaverit, postea eum neque tollere hoc, neque refigere posse : refixa plane posse vindicare.*

Telles sont les obligations générales et spéciales de l'usufruitier en dehors des promesses facultatives ou obligatoires qui peuvent le lier directement vis-à-vis du nu-propriétaire.

Abordons maintenant notre seconde partie de beaucoup la plus importante et même la seule importante. Mais il était nécessaire de dégager les obligations de l'usufruitier indépendantes des conventions ou de la loi, et d'esquisser ce que dut être la législation primitive.

DEUXIÈME PARTIE

OBLIGATIONS RÉSULTANT DE PROMESSES RENDUES OBLIGATOIRES PAR L'INTERVENTION DU PRÉTEUR

1° OBLIGATION DE JOUIR EN BON PÈRE DE FAMILLE
2° OBLIGATION DE RESTITUER

Si l'on s'en fût tenu à l'état de législation que nous venons d'exposer, il est visible que : 1° les négligences de l'usufruitier auraient pu ruiner insensiblement la chose, sans que le propriétaire eût aucun moyen ni de prévenir le dommage, puisque ce n'est pas lui qui détient et administre, ni de se faire indemniser, puisque l'usufruitier n'était pas tenu de se montrer vigilant et soigneux ; 2° qu'après l'extinction de l'usufruit, le propriétaire n'aurait pu obtenir la restitution de la chose qu'à la condition de prouver comme tout revendiquant, son droit de propriété.

C'est pourquoi pour parer à ces dangers, le constituant était libre d'imposer à l'usufruitier l'obligation de fournir une double promesse ; celle de jouir en bon père de famille, et celle de restituer la chose après l'extinction de son droit. Grâce à cette prévoyance, le constituant atteignait les négligences de l'usufruitier, et agissant par l'action *ex stipulatu* pour se faire restituer la chose il n'a pas besoin de prouver comme tout revendiquant son droit de propriété.

Mais la législation du préteur lui épargna cette prévoyance en rendant ces promesses obligatoires et en exigeant qu'elles fussent garanties par une satisdation qui devint désormais la condition préalable de l'entrée de l'usufruitier en jouissance.

L'intervention du préteur en cette matière est constatée par la loi 13 § 2, qui explique justement la nécessité de cette intervention par ce fait que la loi Aquilia n'atteignait pas l'usufruitier « *qui agrum non proscindit, qui vites non subserit, item aquarum ductus corrumpi patitur.* »

Cette promesse contient deux chefs et engendre deux obligations.

1° *Promesse de jouir en bon père de famille.*
2° *Promesse de restituer.*

Précisons nettement l'utilité de chacune de ces deux promesses avant d'étudier en détail la caution usufructuaire.

Promesse de jouir en bon père de famille.

Elle se ramène à deux points.

1° User et jouir en bon administrateur.

Le devoir légal à l'égard de la propriété d'autrui consiste à n'y porter aucune atteinte, mais voilà tout. Les simples omissions ou abstentions ne constituent donc pas de délit ou de quasi-délit; elles ne donnent dès lors lieu à aucune action au profit du propriétaire c'est l'idée de la l. 13, § 2.

La promesse de jouir en bon père de famille va en faire naître une dans ces cas-là au profit du nu-propriétaire.

2° Faire ce qui est nécessaire pour l'entretien de la chose.

Pour astreindre une personne à faire quelque chose dans l'intérêt de la propriété d'autrui, il faut *un lien spécial, une obliga-*

tion. Par conséquent comme nous l'avons déjà dit, à s'en tenir aux termes des devoirs généraux imposés à tous les hommes, l'usufruitier ne serait aucunement tenu de jouir en bon père de famille. La promesse de jouir en bon père de famille lui impose envers le nu-propriétaire une obligation de faire qui se résout contre lui en une action en dommages-intérêts.

Promesse de restituer

Nous avons déjà signalé les graves défectuosités de la revendication toute nue. Indiquons le remède que la promesse de restituer va apporter à chacune d'elles.

La revendication ne sert qu'à faire condamner l'usufruitier ou sa succession à restituer la chose. Par l'action *ex stipulatu* résultant de la promesse de restituer, le nu-propriétaire pourra faire condamner l'usufruitier à des dommages-intérêts pour ses fautes ou sa négligence.

La revendication ne pourrait compéter contre l'usufruitier ou son héritier, si à l'extinction de l'usufruit ils ne se trouvent pas en possession, car elle ne compète régulièrement que contre le possesseur ou détenteur. Peut-être nous objectera-t-on que la revendication pouvait compéter contre celui qui avait cessé de posséder par dol même une chose spéciale par analogie de ce qu'un sénatus-consulte avait décidé pour la pétition d'hérédité contre celui qui avait cessé par dol de posséder une hérédité (L. 27 § 3, D, VI, 1). L'action *ex stipulatu* permet de les poursuivre en tant qu'obligés personnellement, qu'ils soient ou non détenteurs de la chose en vertu de la seule promesse de restituer.

Mais avant qu'on ait tiré cet argument d'analogie du senatus-consulte l'utilité de l'*actio ex stipulatu* en place de la revendication toute nue est évidente. Elle est encore plus évidente si nous supposons que c'est l'héritier de l'usufruitier qui, après la mort de l'usufruitier, vend la chose de bonne foi.

Enfin le demandeur dans l'*actio ex stipulatu* n'est pas obligé de prouver comme le revendiquant son titre de propriétaire.

L'utilité de la caution usufructuaire contenant promesse de jouir en bon père de famille et promesse de restituer est donc manifeste.

Avant d'étudier ces obligations naissant des promesses obligatoires et d'abord ces promesses elles-mêmes, ouvrons une dernière parenthèse.

L'usufruitier romain était-il soumis à l'obligation de dresser un inventaire avant son entrée en jouissance? La réponse est négative. Le législateur donne à l'usufruitier le conseil de faire inventaire mais ne lui en impose pas l'obligation « *recte faciet* » (L. 1 § 4). On respectera même la clause par laquelle le testateur a interdit à son héritier de procéder à l'inventaire même à ses propres frais. On admettait en effet que le testateur évitât cette manifestation de l'état de sa fortune « *ne secreta patrimonii et suspectum æs alienum pandantur* (l. 2. C. V, L.). La loi 2 C. X, XXXIV exprime la même idée avec plus d'énergie encore. « *Quid enim tam durum tamque inhumanum est quam publicatione pompaque rerum familiarum et paupertatis detegi vilitatem et invidiæ exponere divitias?*

Donc aucune obligation pour l'usufruitier romain de faire inventaire avant son entrée en jouissance.

Études maintenant en détail et la caution usufructuaire en elle-même et les obligations qu'elle contient avec leurs conséquences.

De la caution usufructuaire.

1° *An semper fructuarius cavere debeat?*

L. 13, pr. Tout usufruitier doit donner cette caution quelle que soit la chose dont il a l'usufruit, que ce soit une chose mobilière ou une chose immobilière (l. 1, § 1).

Si l'usufruitier est entré en possesssion sans avoir fait cette promesse et fourni cette satisdation, elles peuvent être exigées de lui par une *condictio* (L. 7. D. VII, IX), « *sed et stipulatio condici poterit.* » Ce qui revient à dire que les obligations qu'elles garantissent sont désormais considérées comme inhérentes au droit d'usufruit. En effet, jusqu'à ce que le nu-propriétaire ait exigé cette caution, il pourrait bien revendiquer la chose parce qu'il en est propriétaire. Mais il ne serait pas admis à la réclamer par condiction, parce qu'il n'y a pas et qu'il ne saurait y avoir obligation de la part de l'usufruitier de transmettre au nu-propriétaire, la propriété de sa propre chose. Personne, en effet, ne peut réclamer par condicion sa propre chose, si ce n'est contre un voleur (I. *de actionibus*, § 14), *nec res quæ jam actoris est magis ejus fieri potest.*

L'obligation pour l'usufruitier de donner caution a lieu quel que soit le mode qui a donné naissance à son droit.

Peu importe donc que l'usufruit résulte d'un legs, d'un fidéicommis, d'une donation à cause de mort ou de toute autre cause (L. 1, pr. D., VII, IX) (L. 4, C. XII, XXXIII), « *etsi volontario contractu* ». Ce dernier point pouvait faire doute si l'on n'avait sous les yeux que la loi 1, pr. où le préteur dans son édit ne parle que du legs d'usufruit. Hotoman voyait aussi une raison de douter dans cette considération que dans les stipulations « *quæ verbis non expressa, omissa videntur,* » et dans cette autre que l'obscurité du pacte nuit au vendeur. Mais la constitution d'Alexandre est formelle « *nec interest sive ex testamento, sive ex voluntario contractu usus fructus constitutus est.* »

Peu importe également qu'il soit reconnu par le droit civil ou par le droit prétorien seulement (L. 9, § 1, D. VII, IX, *sed nec interest, utrum jure ipso constitutus sit ususfructus, an per tuitionem prœtoris.*

En effet l'origine de la disposition qui prescrit la caution et le but dans lequel elle est prescrite, ne permettent pas de distinction. L'origine de la disposition : cette disposition, en effet, est de droit prétorien. Or, il est clair que, quand le préteur réglemente l'usufruit, il entend réglementer toute disposition qui à ses yeux constitue un usufruit. Le but de cette disposition : car dans l'une ou dans l'autre espèce d'usufruit, les intérêts du nu-propriétaire réclament la même garantie.

Voici maintenant la portée de la loi 9, § 1, D. VII, IX et les conséquences que l'on peut tirer de ce qu'elle se refuse à toute distinction entre le droit civil et le droit prétorien. Il importera peu que l'usufruit soit constitué par legs ou par fidéicommis « *ut olim differentia legatorum et fideicommissorum fuit.* »

Il importera peu que l'usufruit soit constitué par un *verus dominus* ou par des possesseurs de *fundi vectigales*, ou par des emphytéotes ou par des superficiaires dont le droit vaut *tuitione Prœtoris* et qui tiennent du préteur une action *in rem* : (l. 1, pr. D. VII, IV., l. 1, § 9, D. XLIII, XVIII), (l. 1, § 1, D. VI, III).

Donneau tire encore cette conséquence plus médiate que la caution pourra être exigée de quiconque aura une sorte d'usufruit, quoique son titre soit exprimé par une autre dénomination. Par exemple celui à qui il a été légué une « *habitatio* » des « *operœ hominis aut animalis* », une « *messis aut vindemia in singulos annos* » (ll. 5 et 6, D. VII, IX), et enfin de la l. 5, § 1,

D. VII, IX, il résulte également que la caution pourra être exigée du simple usager, mais bien entendu restreinte à l'usage (1).

Il est évident que le nu-propriétaire est libre de demander ou de ne pas demander la caution. Mais peut-il renoncer au droit qu'il a à cet égard et dispenser l'usufruitier de donner caution? C'est un point sur lequel les textes sont muets.

La l. 7, § 7, D. *de pactis* porte que les pactes faits contre les lois, l'édit du préteur, les sénatusconsultes, etc., sont sans effet.

Galvanus conclut de là (ch. XX, § VIII) que le nu-propriétaire ne peut renoncer à la caution. *Juris autem dispositiones non sunt positæ in potestate privatorum, ideoque hi facere non possunt quominus leges locum habeant in suis aut testamentis aut conventionibus* (arg. l. 38, D. *de pactis*).

Mais la même l. 7, D. *de pactis* au § 14, *porte* : « *quæ non ad publicam læsionem sed ad rem familiarem respiciunt, pacisci licet* ». Or n'est-ce pas ici le cas? La caution n'est-elle pas établie uniquement en faveur de l'héritier et concerne-t-elle autre chose que son patrimoine?

Toutefois si un nu-propriétaire dispense l'usufruitier de donner caution ce n'est qu'à raison des garanties personnelles que cet usufruitier présente ou paraît présenter. Or il se peut que ces garanties viennent à diminuer ou qu'on découvre qu'elles n'étaient qu'apparentes. L'usufruitier, d'abord soigneux et solvable, peut devenir mauvais administrateur et insolvable. Le nu-propriétaire doit-il être irrévocablement lié par une convention qu'il n'a faite qu'à rai-

1. Cf. Conflit entre Connan. 4, Comm. 5 et Roberi 1, Rec. Lect. 19 sur les mots « quamvis ex usufructu ea percipiantur. »

Note de Pothier sur la « vindemia aut messis legata. »

Ratio dubitandi; tali legato non relinquitur ipsum jus ususfructus: sed magis emolumentum quod ex jure usufructus percipitur. Ergo non videtur hic legatarius contineri edicto quo fructuarius cavere videtur.

son de circonstances qui ont cessé ou peuvent cesser? Evidemment non. De même la remise tacite devrait être à ce point de vue assimilée à la remise expresse en ce sens que s'il a fait la délivrance sans se faire donner caution, cela ne le rend pas non recevable à demander caution plus tard tant que dure l'usufruit.

Les ll. 7 et 12, C. VII, 9 indiquent comment les faits pourront se présenter.

La délivrance faite à l'usufruitier sans qu'il ait donné caution, ne rend pas propriétaire celui à qui elle est faite car en la faisant, le nu-propriétaire n'entend point se dépouiller de la propriété en faveur de celui à qui il l'a faite. Il veut simplement le mettre à même d'user et de jouir comme usufruitier.

Il reste donc toujours propriétaire lui-même. D'où il suit qu'il peut, s'il n'a pas reçu caution, intenter la revendication contre l'usufruitier, et si ce dernier excipe de la délivrance qui lui a été faite à raison de son droit d'usufruit le nu-propriétaire répliquera que, n'ayant pas fourni caution, il ne saurait se dispenser de restituer. En conséquence le juge ordonnera à l'usufruitier de donner caution, sinon, de rendre la chose au revendiquant, sauf à lui, en ce dernier cas, à la réclamer ensuite en offrant caution.

Cette imprescriptibilité de la faculté pour le nu-propriétaire de demander caution est très bien exprimée et motivée par Voët *ad Pandectas*. L. VII, t. IX, p. 11 dans les termes suivants : *Adeo ut ne longissimo quidem temporis spatio prescribi possit huic cautionis exactioni* ; *cum ea res meræ facultatis sit, et uti perpetua ad rei fructuariæ restitutionem obligatio est, ita quoque perpetuam oporteat esse cautionis pro restitutione exactionem, ut accessorium sequatur suum principale.*

Il n'est pas permis à un testateur qui lègue l'usufruit de dispenser le légataire de cette caution. Ainsi qu'il ressort de la l. 7, C. VI, 54. « *Ut autem boni viri arbitratu is cui ususfructus relictus est, utatur fruatur, minime satisdationem remitti posse testamento.* »

Et il ne faudrait pas contredire cette proposition d'abord en s'appuyant sur ce que la volonté d'un testateur relativement à son patrimoine doit toujours être respectée, l. 120, D. 4, XVI, l. XVII, tables. *Uti legassit suæ rei, ita jus esto.* En effet, cet axiôme a toujours supporté une restriction universellement admise. Il ne faut pas que la volonté du testateur aille « *contra jus aut bonos mores.* » (ll. 55, 112, D. XXX-1°).

Or cette remise de la caution est évidemment *contra bonos mores*, en ce sens, qu'elle excite l'usufruitier, soit à délaisser la chose, soit à abuser de sa jouissance, et à faire servir la chose à son caprice. De telles conséquences possibles prouvent surabondamment la légitimité de l'opinion qui considère comme non permise la remise de la caution par le testateur (l. 5, D, XXIII, IV).

Il ne faudrait pas non plus contredire notre proposition en s'appuyant sur ce qu'il est parfaitement admis que le testateur peut faire remise de la « *cautio legatorum.* » Au premier abord cela semble spécieux. Et en effet chacune de ces deux cautions ne touche-t-elle pas le patrimoine privé, et n'est-elle pas relative au droit du défunt? Sans doute. Mais un examen plus attentif fait rejeter cette assimilation.

Voici comment : Le motif que nous avons donné pour rejeter la remise de la caution usufructuaire par le testateur, est la crainte que l'usufruitier dégagé de la caution n'abuse de sa jouissance, ce qui serait *contra bonos mores.*

En est-il de même de l'héritier détenteur de l'objet légué? La chose lui est-elle livrée pour qu'il en jouisse? Non, il sait qu'il n'a ni la propriété de la chose ni un démembrement de la propriété. La chose est tout entière au légataire. L'héritier va-t-il donc malgré le légataire abuser de sa détention provisoire? L'énormité même de l'abus le rend très peu à craindre.

Mais au contraire voici la chose objet d'usufruit. Elle est livrée à l'usufruitier pour qu'il en jouisse. S'il n'a pas pour le retenir le frein salutaire de la caution, ne va-t-il pas, que l'on nous passe l'expression, s'emporter dans sa jouissance? Ce danger qui menace le droit si respectable du nu-propriétaire, fait échec aux lois et aux bonnes mœurs; et il n'est pas permis au testateur par sa volonté de le faire naître (L. VII. T. IX, 9).

Voët donne encore cette autre raison que la *cautio legatorum* est *in favorem testatoris*, et la *cautio fructuaria contemplatione heredis* (cf. Bartole. l. *nemo potest*, D. *delegat*. 1, *opposit*, 5, n° 3).

Voët, L. VII, I, IX, enfin écarte l'argument, « qui peut le plus, peut le moins » par lequel on pourrait prétendre combattre notre proposition. Le testateur, dit-on, peut ne rien laisser à son héritier, à plus forte raison peut-il lui laisser une nue-propriété fragile, en raison de la remise de la caution qu'il fait à l'usufruitier. *Non debet, cui plus licet quod minus est, non licere* (l. 21, D. L. XVII).

Mais cette règle, répond Voët h. t., n'a d'application qu'autant que ce « *quod minus* » n'est pas contraire à la loi. Et en effet par analogie, de ce que je pourrais ne pas instituer mon héritier du tout, tirera-t-on cette conclusion que je pourrais l'instituer *ex certo tempore* ou *ad certum tempus* (§ 9, I. *de hered. instituend.*)? Certainement non. Et bien! il en est de même pour la remise de la caution usufructuaire.

Il ne faudrait pas non plus s'appuyer sur la l. 1, C. III, XXXIII, pour combattre notre proposition ou considérablement la restreindre en ne lui faisant comprendre que les cas de quasi usufruit des choses fongibles. « *Si usufructus omnium bonoram testamento uxoris marito relictus est ; quamvis cautionem a te prohibuerit exigi, non aliter at debitoribus solnam pecuniam accipere poteris, quam oblata secundum formam senatus consulti cautione.* » C'était la fausse distinction que faisait *Vinnius* (*Select. quæst.* lib. 1, cap. 29) : remise possible de la caution pour l'usufruit, pas de remise possible pour le quasi usufruit, par cette raison qu'il y a *vindicatio* des choses non fongibles, tandis qu'il n'y a que *condictio* des choses fongibles, d'où le droit du nu-propriétaire doit être plus protégé dans le second cas que dans le premier.

Mais le motif que nous avons donné du respect des lois et des bonnes mœurs répugne à cette distinction arbitraire. Il faut appliquer la disposition que relate la l. 1, C. III, XXXIII, en tenant pour *non scripta*, la remise de la caution usufructuaire aussi bien (*in quasi usufructu quam in vero usufructu*). Ainsi nous indiquons en passant avec l'autorité de la grande majorité des interprètes que la remise de la caution ne vicierait pas le legs d'usufruit.

Le testateur ne peut donc faire remise de la caution usufructuaire à l'usufruitier. C'est le sentiment unanime des anciens auteurs (Donneau, l. X, ch. XIV, §§ 4, 5, 6. Voët. *ad usûf.* § 9, *in fine* Castillo Sotomayor *de usuf.* ch. XV). (Bartole, *in* l. *nemo potest.* D. *de lege et* I, *opposit.* 5, n. 3.

Notons en terminant une opinion bizarre que Galvanus défend (*de usufructu*, ch. XX, §§ 5, 6, 7, 8, 9). Il distingue entre la remise du *factum cautionis* et la remise du *jus cautionis.* La première serait permise, la seconde serait prohibée. Il est difficile de comprendre sur quel principe de droit il prétend se fonder. Voët propose donc de rejeter purement et simplement cette opinion indéfendable.

Sont dispensés par la loi de donner caution :

1° *Le père de famille usufruitier légal des biens adventices du fils de famille* (L, 8, § 4, C. VI, LXI) « *paterna reverentia eum excusante ab omnibus quæ ab usufructuariis extraneis, a legibus exiguntur.* » A cette considération de respect pour le père, il faut en ajouter une autre plus puissante selon nous, fondée sur le désir de ne pas modifier trop gravement l'ancien droit qui donnait au père la propriété du tout (L. 6, § 1, C. VI, LXI). En effet, un enfant doit le même respect à sa mère et pourtant Justinien ne la dispense pas de donner caution, si elle a l'usufruit de biens appartenant à ses enfants : car il conserve les textes qui la soumettent au droit commun à cet égard (cf. l. 11, D. VII, IX. L. 6, § 1, C. V, IX). C'est que l'on comprend bien que Justinien n'ait pas imposé à l'usufruit légal du père (modifiant si profondément l'ancien droit, dans un sens défavorable au père) toutes les charges, toutes les restrictions que comporte un usufruit ordinaire. La mère, au contraire, ne peut avoir qu'un usufruit ordinaire établi par le fait de l'homme. Du reste si un père avait eu l'usufruit d'une chose faisant partie du pécule *castrense* de son fils, il aurait sans doute été assujetti à la caution (*Galvanus* C. XX, p. 2, *in fine*) « *quoniam talis ususfructus ad eum non spectat intuitu paternæ potestatis* (arg. l. 2, D. *ad sit Maced.*).

2° *Celui à qui il a été légué un usufruit pure et la propriété ex die* (l. 9 § 2, D. VII, IX). « *Quia certum sit, ad eum proprietatem, vel ad heredem ejus perventuram.* »

La caution ici, dit Donneau, n'est pas en effet nécessaire. Qu'importe à l'héritier ce que peut devenir la chose ? La propriété ne lui arrivera pas, elle ira certainement à l'usufruitier, ou à son héritier. Le danger d'abus de jouissance est-il à redouter ? Nullement. On ne détériore pas de gaieté de cœur sa propre chose.

Ces raisons ne nous semblent pas suffisantes.

La première, parce que l'usufruit pouvant s'éteindre avant l'arrivée du terme assigné au legs de propriété, et comme dans ce cas, l'héritier aura le droit de reprendre la jouissance pour jusqu'à l'arrivée du terme, il a intérêt à la conservation de la chose et devrait dès lors obtenir caution.

La seconde, parce qu'il y a des gens qui gèrent mal leurs propres affaires, soit par incapacité, soit parce qu'ils sont peu soucieux de leurs vrais intérêts.

Pourquoi ne pas offrir des garanties aux tiers qui se trouvent intéressés dans leur gestion?

3° *Le fisc* (arg. l. 1, § 18, D. XXXVI, III) « *nec solet fiscus satisdare.* »

4° *Le donateur de la propriété sous réserve de l'usufruit* (arg. l. 28, D. l. XVII. « *eos qui ex liberalitate conveniuntur, in id, quod facere possunt, condemnandos*) l. 19, § 1, D. XLII, I. On ne doit pas agir envers un donateur aussi rigoureusement qu'envers une autre personne (l. 63, D. XXI, 1).

2° *Qualis sit hæc cautio.*

L'engagement de l'usufruitier se contracte par la stipulation, moyen ordinaire de s'obliger en droit romain ; ce qui donne l'action *ex stipulatu* au nu-propriétaire contre l'usufruitier. Le préteur du reste ne s'est pas borné à prescrire à l'usufruitier de contracter envers le propriétaire un engagement personnel. Il a exigé que cet engagement fût garanti par fidéjusseur. C'est ce qui résulte de l'expression *satisdare* que portent les textes. Ainsi ce que l'on appelle la caution usufructuaire consiste dans un engagement personnel pris par l'usufruitier et garanti par le fidéjusseur (l. 7, pr. — L. 13, pr. et l. 4, C. XII, XXXIII), D. VII, IX, D. VII.
En effet puisque d'un côté l'usufruitier a le droit d'user et de jouir de la chose et qu'il est nécessaire pour cela qu'elle sorte entièrement des mains du nu-propriétaire pour passer dans les siennes, et y rester pendant toute la durée de l'usufruit, l'équité demande. que de son côté, le nu-propriétaire obtienne des garanties de nature à le rassurer sur sa nue-propriété et à ne pas le laisser exposé aux chances de l'insolvabilité possible de l'usufruitier.

Quid juris si l'usufruitier ne peut trouver un fidéjusseur? Perdra-t-il l'usufruit, parce qu'il ne peut fournir une satisdation? La question se résout négativement ; mais on admet aussi généralement que l'on ne doit pas donner d'action à l'usufruitier avant qu'il ait fourni caution ainsi que cela résulte clairement de la loi 13 (Ulpien), « *non prius dandam actionem usufructuario quam satisdederit.* » D, VII, I.

Voici sur quelle hypothèse s'explique ce texte :

Si à l'ouverture de l'usufruit, l'usufruitier voulant entrer en jouissance, appelle le nu-propriétaire devant le magistrat, et là, demande l'action confessoire, mais que de son côté le nu-propriétaire demande la caution, le magistrat ordonnera en effet à l'usufruitier de la donner : et ce n'est qu'autant que l'usufruitier se sera exécuté à cet égard, que l'action confessoire lui sera accordée contre le nu-propriétaire, si, bien entendu, il est nécessaire de l'accorder, c'est-à-dire si le nu-propriétaire refuse la délivrance à l'usufruitier.

Mais, il se peut que devant le magistrat le nu-propriétaire ne demande pas caution si par exemple, contestant l'existence de l'usufruit, il laisse délivrer l'action confessoire et qu'ensuite l'usufruit étant reconnu valablement constitué, il reçoive ordre du juge de remettre la chose à son adversaire, il pourra le demander et il sera du devoir du juge d'ordonner que la remise n'ait lieu qu'après que la caution aura été fournie. Ainsi la caution usufructuaire sera donnée, tantôt sur l'ordre du magistrat, tantôt sur l'ordre du juge. C'est donc une caution commune et non comme le soutient *Galvanus* (C. XIX, p. IV), une caution judiciaire. Galvanus s'appuie sur la même *loi* 13 qui parle de « l'*officium judicis,* » sur la *loi* 12 du titre IX du livre VII, sur la *loi* 7, du même titre, où la caution ordonnée sur la réplique du nu-propriétaire est évidemment judiciaire, et sur la loi 9. Il conclut de ces différentes hypothèses où la *cautio* sera donnée *officio ju-*

dicis que la « *cautio fructuaria præstatur non in jure sed in judicio.* » C'est méconnaître l'existence de la première hypothèse que nous avons faite et qu'Ulpien a évidemment visée lorsqu'il dit « *non prius dandam actionem usufructuario quam satisdederit.* » Par qui *dandam actionem*? Par le magistrat évidemment. Par qui donc ordonner la prestation de la caution sinon par le magistrat? La caution usufructuaire est donc commune.

Remarquons qu'Ulpien a écrit en vue de la procédure formulaire, où l'on distingue deux ordres de fonctions, celles du magistrat et celles du juge. Sa décision ne saurait donc, sous le Bas-Empire, où cette procédure n'est plus pratiquée, recevoir une application littérale. Pour l'appliquer dans son esprit, il faut dire que le nu-propriétaire peut demander caution au début même de l'instance et en tout état de cause.

Donc aucune action à l'usufruitier avant qu'il ait fourni sa caution. Mais dira-t-on, à l'impossible nul n'est tenu. Il n'y a pas lieu d'invoquer ce brocard ici. En effet l'usufruitier a une action, sous cette condition : « *si satisdederit.* » S'il ne fait pas cette satisdation, la condition s'évanouit tout simplement. Et la condition de l'action de l'usufruitier, s'évanouissant, aucune action ne peut désormais lui compéter.

D'où l'on peut conclure que si le nu-propriétaire ne s'est pas opposé à la délivrance de l'action confessoire, même sans qu'il soit fourni caution, et qu'en outre il réclame cette caution, les fruits du jour de la demande du nu-propriétaire au jour de la prestation par l'usufruitier n'appartiendront pas à l'usufruitier « *Sed sorti adjungendi sint, ac usufructu finito cum rebus cæteris debeant ad proprietatem reverti.* » C'est du moins l'opinion de Voët ad. usuf. T. IX, § 3. Cf. *Castillo Sotomayor de usufructu.* C. XVI (*quia eo ipso quod satisdationem petitam non præstat, in mala fide constituitur, et consequenter commodo fructuum gaudere non debet : quamvis ergo possessio legitima ad lunandos fructus sufficiat etiam ante cautionem, post petitam tamen cautionem non sufficit possessio, quia jam vitiosa esse incipit*). Les fruits perçus avant la demande de caution auraient au contraire été faits siens par l'usufruitier.

Mais à cette doctrine absolue que l'usufruitier doit donner caution pour avoir une action, il convient d'apporter un tempérament d'équité et d'humanité. Si l'usufruitier pauvre ne peut absolument trouver un fidéjusseur (1), on pourra par analogie de situations semblables :

Soit l'admettre à fournir à défaut de caution, *un gage* ou nantissement suffisant. *Plus enim est cautionis in re quam in persona*. Pomponius, l. 25, D. *de regul. jur.*

Soit l'admettre à la simple *caution juratoire* (anal. l. 6, DXXXV, III).

Soit mettre le propriétaire en possession « *ut fructus colligat et collectos fructuario præstet.* » (Voëtius ad. usuf. t. IX § 3). Il y a alors de cette manière sur le fonds un gardien et un surveillant pour empêcher la détérioration de la chose (anal. l. 6 § 1, C. V. IX).

Soit mettre la chose en séquestre entre les mains d'un tiers. Ce dernier remède semble le plus efficace car il semble réparer le mal et vis à vis du nu-propriétaire et vis à vis de l'usufruitier.

Ces solutions évidemment ne reposent pas sur des textes attenants à notre matière mais, comme dit Ulpien, l. 2, § 5, D. XXXIX, III, « *hæc æquitas suggerit, etsi jure deficiamur.* »

1. Toutes les fois que le nu-propriétaire demande caution ailleurs qu'au *municipe* de l'usufruitier, ce dernier doit être renvoyé à son municipe pour y donner un fidéjusseur parce qu'y étant mieux connu, il trouvera plus facilement des répondants. C'est là du reste, une règle applicable à beaucoup d'autres cas, l. 8, § 4, D. II, VIII).

3° *Quis caveat.*

L'usufruitier. — Mais s'il y a plusieurs usufruitiers, on peut se demander s'ils doivent tous fournir la caution ou si un seul seulement doit la fournir.

Voici l'espèce prévue par la loi 9, pr. D. VII, IX (Ulpien). Primus est légataire d'un usufruit qu'il doit restituer par fidéicommis à Secundus. Doivent-ils fournir tous deux la caution, c'est-à-dire, Secundus à Primus, et Primus à l'héritier ; ou bien le seul fidéicommissaire devra-t-il fournir la caution, comme étant le seul véritable usufruitier? Ulpien fait une distinction, suivant que le légataire *Primus* a ou non l'espoir de voir l'usufruit lui faire retour.

N'a-t-il aucun espoir, le fidéicommissaire *seul*, Secundus, devra caution à l'héritier, et Primus le légataire ne devra rien comme il ne lui sera rien dû : « *Non enim videtur quisquam capere, quod ei necesse est alii restituere.* » D. *de regul. per.*

A-t-il au contraire un espoir de voir revivre en lui le droit d'usufruit maintenant posé sur la tête de Secundus, le légataire Primus doit la caution et elle lui est due ; elle lui est due par le fidéicommissaire et il la doit à l'héritier *dominus proprietatis.*

Celui qui est propriétaire d'une part de la chose, et usufruitier d'une autre part, doit la caution pour la part dont il est usufruitier.

Paul prévoit l'hypothèse d'un esclave commun à vous et à moi et dont je vous ai légué l'usufruit. Vous devez la caution usufructuaire à mon héritier avec lequel vous vous trouvez communiste quant à la propriété seulement. Mon héritier sans doute pourra agir en partage contre vous, mais bien que l'action en partage oblige l'un des communistes à indemniser les autres des dommages qu'il a pu causer à la chose commune, elle n'aura trait dans l'espèce qu'à la propriété qui, seule est commune. L'usufruit dont ma part sera grevée n'appartiendra qu'à vous. Le juge du partage n'aura donc pas à s'en occuper. L'action en partage ne saurait donc remplacer pour l'héritier la caution usufructuaire (*cf. l.* 10, D. VII, IX).

4° *Cui cavendum*

La caution doit être fournie à celui auquel l'usufruit doit ou peut revenir à son extinction, c'est-à-dire au nu-propriétaire, toujours ; à un autre usufruitier quelquefois.

I. *Au nu-propriétaire, toujours* (§ ult. I, *de usufructu*) « *revertitur scilicet ad proprietatem.* »

S'ils sont plusieurs, si par exemple il s'agit d'un legs d'usufruit laissé à la charge de divers héritiers, chacun d'eux a droit à la caution pour sa part dans la nue-propriété (l. 9, § 4, D. VII, IX. L. 13, pr. D. VII, I).

Lorsque l'usufruit est établi par legs l'héritier n'a droit à la caution qu'autant que la nue-propriété lui reste. Celui qui n'est pas nu-propriétaire est sans intérêt à l'obtenir, et, par suite, sans qualité pour la réclamer. Si donc le testateur lègue la nue-proprité à une personne et l'usufruit à une autre, c'est au légataire de la nue-propriété que la caution doit être donnée, et non à l'héritier, puisque ce n'est pas à lui que la chose appartient et qu'elle doit être rendue à la fin de l'usufruit (L. 8, D. VII, IX), (L. 6, pr. D. VII, V).

Si nous transformons l'hypothèse précédente, en supposant que la nue-propriété soit léguée sous condition au lieu d'être léguée purement et simplement, nous dirons que l'usufruitier doit la caution et à l'héritier, titulaire actuel de la nue-propriété auquel l'usufruit peut faire retour, si la condition fait défaut (L. 8, D VII, IX), et au legataire. *Sed si mihi sub conditione proprietas legata sit : quidam, ut Marcianus, et heredi et mihi cavendum esse putant : quæ sententia vera est.*

Le légataire, dit-on, n'est ici qu'un nu-propriétaire conditionnel ; mais les droits conditionnels peuvent être garantis par des mesures conservatoires. Or la caution usufructuaire est de ce nombre.

Un autre jurisconsulte se plaçant dans cette dernière hypothèse décide que l'usufruitier ne doit donner caution *qu'à l'héritier* sauf au légataire conditionnel de la nue-propriété à se faire lui-même donner par l'héritier *la caution legatorum* prescrite pour les legs à terme ou conditionnels. Il y a contradiction entre la l. 8, D. VII, IX, citée plus haut, et la l. 9, D. XXXV, III. *Verum si usufructu Seio legato proprietas Titio ita legetur, ut, cum ad Seium pertinere desierit, habeat proprietatem : tunc heredi caveri oportebit a fructuario, ab herede autem Titio ; quia non sit certum, usufructu intercepto ad Titium proprietatem reversuram.*

La première veut la caution fournie par l'usufruitier et à l'héritier et au légataire conditionnel de la nue propriété. C'est la doctrine de Paul accédant à l'opinion de Marcien.

La seconde veut la caution formée seulement à l'héritier, sauf à l'héritier à fournir la *cautio legatorum* au légataire conditionnel de la nue-propriété. C'est la doctrine de Mœcien.

Il y a différence de procédés, mais au fond le résultat sera le même dans le système de Mœcien que dans celui de Marcien ; car si la condition du legs s'accomplit, puisque, d'après la règle générale applicable à tout débiteur, un héritier chargé d'un legs doit, lorsque le legs vient à s'ouvrir, remettre au légataire la chose léguée, s'il l'a ou peut l'avoir à sa disposition, l'héritier dans l'espèce se fera restituer la chose par l'usufruitier à la fin de l'usufruit, et la remettra ensuite au légataire, ou bien il cédera à ce dernier son action en restitution contre l'usufruitier. Il n'y a donc entre les deux opinions qu'une différence de forme. D'ailleurs la *cautio legatorum* est toute spéciale et originale, et nous ne voyons pas pourquoi le légataire ne serait pas garanti en même temps comme dans le système de Paul par la caution usufructuaire fournie par l'usufruitier, et par la *cautio legatorum* fournie par l'héritier.

On décidera encore, que si la nue-propriété a été léguée à une personne purement, et à une autre pour l'époque où elle cessera d'appartenir à la première, l'usufruitier doit donner caution à toutes deux. En effet, dans ce cas encore, il y a un nu-propriétaire actuel et un nu-propriétaire sous condition; car le terme apposé au second legs étant un terme incertain, forme condition, d'après la règle générale en matière de legs, de sorte que ce second legs n'est fait que pour le cas où la personne à laquelle il est adressé survivra à l'autre légataire (l. 8, D. VII, IX).

II. *A un autre usufruitier, quelquefois.* — Si par exemple, un usufruit a été légué à deux personnes conjointement, comme en vertu du droit d'accroissement, lorsque l'un perdra sa part dans l'usufruit, cette part accroîtra à l'autre, ils doivent d'abord se donner mutuellement caution, parce que celui des deux qui perdra le premier l'usufruit, devra restituer à l'autre. Ils doivent en outre donner caution *à* l'héritier resté nu-propriétaire ou au légataire de la nue-propriété. Seulement comme celui des deux qui perdra le premier son usufruit, devra restituer à son colégataire, chacun d'eux ne s'engage à restituer au nu-propriétaire que pour le cas où l'usufruit ne reviendrait pas à son colégataire « *quod si duobus conjunctim usus fructus legatus sit ; et invicem sibi cavere debebunt, et heredi in casum illum, si ad socium non pertineat usus fructus, heredi reddi in fine* (l. 8, D. VII, IX).

5° *Quid cavendum*

Rappelons les deux termes de l'engagement dont nous avons déjà précisé le sens et la portée.

1° Jouir en bon père de famille.

2° Restituer.

1° *Jouir en bon père de famille*

La promesse de jouir en bon père de famille rend l'usufruitier responsable *de toutes les négligences*, soit qu'elles tendent à dépouiller le propriétaire d'un droit ou seulement à diminuer en fait la valeur de la propriété. Elle l'astreint à faire sur cette chose tout ce que ferait un propriétaire soigneux qui, tout en jouissant de sa chose, tiendrait à la conserver et à la tenir en bon état. Car il doit user et jouir, non pas d'après ses habitudes, et comme il jouit de sa propre chose, mais de la manière dont jouirait un propriétaire soigneux. L'expression d'Ulpien dans la loi 1 § 3 D. VII, est donc peu exacte « *cœteraque facturum quœ în re sua faceret.* »

Dégageons les obligations qui naissent de cette promesse « *Uti frui boni viri arbitratu.* »

Négligences qui tendraient à dépouiller le propriétaire d'un droit.

L'usufruitier doit prévenir et s'il y a lieu interrompre l'usucapion qui arriverait à faire perdre son droit au nu-propriétaire, comme cela résulte de la loi 1, § 7, D. VII, IX. Ces obligations qui se rattachent par certains côtés à la promesse de jouir en bon père de famille et que par ces motifs nous indiquons ici, relèvent encore plus directement de la promesse de restituer (V. *infra*).

Il doit exercer les servitudes actives qui menaceraient de s'éteindre par le non usage (l. 15, § 7, D. VIII, 1).

Négligences qui tendraient à diminuer en fait la valeur de la propriété.

L'usufruitier doit entretenir soigneusement la chose. En effet il ne jouirait pas convenablement s'il négligeait de faire généralement tout ce qu'exige l'entretien de la chose suivant sa nature et sa destination ; car s'il est vrai qu'il ne peut détruire, ni faire d'innovation, il est également vrai qu'il doit conserver et maintenir ce qu'il a reçu.

Ainsi :

Plantes. — Il doit tenir les pépinières au complet afin qu'elles puissent sans interruption fournir aux besoins des plantations et semis. Il doit donc remplacer les arbres qu'il en tire ; autrement, elles seraient bientôt épuisées et détruites. Or, une pépinière est l'un des moyens d'exploitation du domaine elle doit donc être rendue au nu-propriétaire ; « *debet tamen, conserendi agri causa, seminarium paratum semper renovare, quasi instrumentum agri ; ut finito usufructu, domino restituatur* (l. 9, § 6).

Il doit remplacer les arbres qui meurent (I. *de rerum divis*, 38) (l. 18, D. VII, I). Mais, dira-t-on, les arbres morts, le fonds reste intact ? L'usufruitier a promis de conserver le fonds. Il a tenu sa promesse.

On répondra : l'usufruitier a promis « *tueri quod accepit* » suivant l'expression de la l. 44. Or un fonds garni d'arbres, les arbres une fois morts, n'est plus « *uti acceptus est.* » Les arbres tant que leurs racines plongent dans le sol, font en effet partie du fonds ; on considère bien les fruits pendants comme partie du fonds ; *a fortiori* doit-on envisager de même les *arbres* (l. 44, *arg.* D. VI, I) (*arg. in.* l. 19, D. X, III). « *Arbor quæ in confinio nata est, quamdiu inhæret fundo, e regione cujusque finium, utriusque est.* Nous disons « les arbres qui meurent » et seulement ceux-là. En effet , l'usufruitier ne devrait pas remplacer les arbres arrachés par la tempête ou par toute autre cause extérieure (l. 59, D. VII, I).

On objectera que si l'on considère la tempête comme une *vis major* qui ne doit pas nuire à l'usufruitier (l. 25, § 6, D. XIX, II), la mort d'un arbre ne doit pas moins être considérée comme un cas fortuit. Dès lors pourquoi faire supporter la mort de l'arbre par l'usufruitier, et non son enlèvement par la tempête. Les cas fortuits ne sont dus par personne (l. 23, *in fine*, D. *de regul. juris.* l. 6, C. IV, XXIV).

On répondra que ce n'est pas en tant que « *damna* », que l'usufruitier devra suppléer à la perte des arbres morts, mais en tant qu' « *incommoda rei* » ayant les « *commoda* » de cette même chose. Or, une tempête, un coup de vent qui arrache un arbre et le jette par terre, est-ce là un « *incommodum rei* » ? Non, tandis que la mort de l'arbre, sa mort naturelle pour ainsi dire, provient bien d'une cause en germe dans la chose au moment où elle a été reçue, et qui insensiblement a ruiné son être. La distinction est donc parfaitement justifiable.

Pour les mêmes motifs l'usufruitier d'une vigne doit renouveler les ceps et les plans qui périssent (L. 13, § 2, D. § 38, I, *de rerum divis*).

II. — *Animaux.*

L'usufruitier doit combler à l'aide du croît les vides que la mortalité a pu faire dans le troupeau : « *Plane si gregis vel armenti sit usufructus legatus : debebit ex agnatis gregem supplere : id est, in locum capitum defunctorum* » L. 68, § 2, D. VII, I.

1° Il faut supposer un usufruit portant sur un troupeau considéré comme universalité et non pas individuellement sur chacune des bêtes qui le composent, comme le dit *Castillo Sotomayor. De usufructu*, C. XXVII, n° 8.

Il semble pourtant que la situation soit à peu près la même pour l'usufruitier d'un troupeau de cent brebis et pour l'usufruitier de cent de mes brebis. Cependant si nous nous reportons au principe même des obligations de l'usufruitier, que trouvons-nous? Qu'il doit conserver ce qu'il a reçu. Or s'il a reçu des brebis, et qu'elles meurent, il ne peut les conserver telles qu'il les a reçues c'est-à-dire individuellement déterminées, il ne doit donc pas remplacer les brebis mortes. Si au contraire il a reçu un troupeau, et que des brebis meurent, il peut avec le croît conserver le troupeau tel qu'il l'a reçu, c'est-à-dire composé d'un certain nombre de brebis non individuellement déterminées; il doit donc remplacer par le croît les têtes péries. Les brebis meurent, le troupeau ne meurt pas (1). Ce croît remplaçant les têtes péries reconstituera le troupeau : « *eumdem gregem videre* » (L. 22, D. XXX, 1°).

2° Il faut supposer que les bêtes sont mortes de maladie. La *vis externa* ne devrait pas être ici non plus supportée par l'usufruitier; par exemple la ruine du bercail, le vol, la rapine, l'incendie. Nous renvoyons à ce que nous avons dit sur les arbres enlevés par la tempête et à la réponse que nous avons faite à une objection qui peut se produire. En général tout ce qui arriverait sans la faute de l'usufruitier ne devrait pas être supporté par lui par exemple (un fléau (*lues*) emportant tout leur troupeau). (Castillo, *de usufructu*, C. XXVII, n° 11).

1. Il n'est censé disparaître que s'il est réduit au-dessous de dix têtes pour les brebis, cinq ou quatre pour les porcs, un pour les chevaux, les bœufs (L. 3, D. XLVII, XIV). Loi pénale contre les « abigei » ou voleurs de bestiaux). (L. 2', D. XXX, 1) (§ 18, 1, de leg.) (L. 31, D. VII, IV).

3° Il faut un *croît*. S'il n'y a pas de croît, par quelque raison que ce soit, l'usufruitier ne doit aucun remplacement. Il ne doit en effet que *ex fructu* et non *de suo*. Celui qui est tenu à cause de sa jouissance ne doit pas être tenu au-delà de sa jouissance. Si on admettait cela il aurait un « *onus* » sans « *emolumentum* » ce qui est tout à fait opposé à l'idée d'usufruit. Il faut donc un *croît*, pour qu'il y ait lieu à remplacement des bêtes péries.

A ces trois conditions il y aura lieu à remplacement par le croît des bêtes péries.

Mais alors il convient encore de distinguer deux hypothèses : ou le troupeau est au complet au jour de la naissance du croît, ou il y a des vides dans le troupeau à la même époque. Cette distinction a une grande importance pour savoir à qui appartient la propriété du croît.

I. — *Au jour de la naissance du croît, le troupeau est au complet.*

Si au moment où naît du croît, le troupeau était au complet, mais qu'ensuite une ou plusieurs têtes périssent ou soient mises hors de service, l'usufruitier est-il simplement tenu de les remplacer par le croît à venir, ou bien doit-il pour cela prendre sur le croît né à une époque où il n'y avait pas de bêtes à remplacer ?

Voici ce que dit la loi 70, § 4 (Ulpien) :

« *Item, si forte eo tempore, quo fœtus editi sunt, nihil fuit quod summitti deberet, nunc post editionem, utrum ex his, quæ edentur, summittere debebit, an ex his edita sunt, videndum est. Puto autem verius, ea, quæ pleno grege edita sunt, ad fructuarium pertinere sed posteriorem gregis casum nocere debere fructuario.* »

Cet accident lui nuit, dit-on assez généralement, en ce sens qu'il l'oblige à prendre sur le croît déjà né pour compléter le troupeau.

Tel n'est pas notre avis. Pour nous, le croît appartient alors irrévocablement à l'usufruitier. Si donc des vides surviennent plus tard, il les comblera à l'aide du croit postérieur.

Pothier admet la première opinion dans ses Pandectes « *ut vel ex primis quæ ipsius facta sunt, vel ex his quæ postea nascuntur, submittere debeat.* » Le remplacement des bêtes mortes, n'est en effet, dit-on, pour le troupeau qu'une réparation d'entretien, comme serait le remplacement des tuiles cassées d'une couverture, pour l'entretien de la toîture d'une maison soumise à un droit d'usufruit; or dans le cas où l'on actionnerait l'usufruitier pour le forcer à réparer une portion de la couverture dont l'entretien est à sa charge, il ne serait pas fondé à dire qu'il ne doit employer à cette impense que le produit de ses jouissances futures, sans toucher à celles qu'il aurait déjà perçues; il en doit donc être de même lorsqu'il s'agit de l'entretien du troupeau dans son état d'intégrité.

Or ce raisonnement nous semble absolument contraire aux principes. Nous ne pensons pas qu'il faille fonder une argumentation sur le sens du mot « *pertinet* » de la l. 70. Qu'il signifie « attribution de propriété » ou « acquisition comme fruit » que nous importe? L'usufruitier acquiert les fruits et conséquemment il en a la propriété. La seule question est de savoir si cette propriété est définitive ou résolutoire sous la condition d'une extinction postérieure de bêtes de bétail?

Et nous disons que le système de Pothier et de Proudhon (1095 De l'usufruit) est contraire aux principes. En effet un produit une fois acquis comme fruit à l'usufruitier lui est pleinement et irrévocablement acquis; de sorte qu'il peut en faire ce que bon lui semble, le consommer par exemple, ou l'aliéner. Or le croît qui naît *pleno grege* est à l'instant même acquis comme fruit à l'usufruitier, puisque le nu-propriétaire, en l'état actuel du troupeau, n'a rien à y prétendre. Donc l'usufruitier peut en disposer à son gré, le vendre, le donner, le consommer, et cela sans en rien réserver, et s'il mourait, il le transmettrait à ses héritiers ; bref, ce croît lui revient à lui, à l'instant où les mères mettent bas ; donc ils échappent pour toujours au nu-propriétaire.

II. — *Au jour de la naissance du croît, il y a des vides dans le troupeau*

L'usufruitier peut à son choix employer les petits à compléter le troupeau, ou les garder pour lui-même en restant débiteur de leur valeur. Tant qu'il ne s'est pas prononcé la propriété des petits *est in pendenti.*

La différence entre cette situation et la première est donc sensible. Dans la première situation acquisition immédiate du croît par l'usufruitier, ici propriété *in pendenti jusqu'à la décision* de l'*usufruitier*. Se décide-t-il pour le remplacement, le nu-propriétaire aura été propriétaire du croît du jour de sa naissance ; se décide-t-il pour le non remplacement, c'est l'usufruitier qui aura toujours été propriétaire, mais il se sera rendu passible de dommages-intérêts.

Mais cette opinion de la propriété *in pendenti* n'est pas généralement admise et l'on *interprète la l.* 70 D. VII, IX, en ce sens que il y aura eu deux propriétaires successifs en cas de remplacement, l'usufruitier jusqu'au remplacement, et ensuite le nu-propriétaire de la propriété *pendenti.*

Le système se fonde sur la l. 70 § 1 où *Ulpien dit :*

« *Interim tamen, quamdiu submittantur et suppleantur capita, quæ demortua sunt, cujus sit fœtus quæritur.* » *Et Julianus lib.* XXXV. *Digestorum scribit, pendere eorum do-*

minium : ut, si submittantur, sint proprietarii ; si non submittantur fructuarii. » (add. l. 12, *in fine*).

Pour être conséquent avec ces propositions on doit dire que la propriété des bêtes hors de service sera constituée *in pendenti*, du jour de la mise hors de service jusqu'au jour de la décision de l'usufruitier pour le remplacement ou le non remplacement. S'il remplace, elles auront été la propriété de l'usufruitier du jour de la mise hors de service, s'il ne remplace pas elles seront restées la propriété du nu-propriétaire.

Les conséquences de ce système découlent naturellement.

Le croît jusqu'au remplacement est aux risques de l'usufruitier « *secundum quœ, si decesserit fœtus, periculum erit fructuarii, non proprietarii et necesse habebit alios fœtus submittere. Unde* Gaïus Cassius lib. VIII, *scribit, carnem fœtus demortui ad fructuarium pertinere* » l. 70, § 2.

Dans ce système jusqu'à ce que le remplacement soit effectué la condiction furtive sera au suspens et dans l'incertitude comme la propriété elle-même, ainsi que nous le dit la loi 12, § 5, *in fine*: « *Cum autem in pendenti est dominium (ut ipse Julianus ait in fœtu qui summittitur.....) dicendum est condictionem pendere, magisque in pendenti esse dominium.* »

Mais nous avons dit que ce système n'était pas généralement adopté. En effet *Pomponius* pense que le croît étant un fruit et étant acquis à l'usufruitier aussitôt que les mères ont mis bas, les jeunes têtes que l'usufruitier emploie au remplacement étaient sa propriété; mais elles cessent alors de lui appartenir pour appartenir désormais au nu-propriétaire, car elles perdent leur nature de fruits et font désormais partie du troupeau lequel, appartient au nu-propriétaire.

Cette solution s'appuie sur la loi 69, D. VII, I. « *Nam alioquin, quod nascitur, fructuarii est; et, cum substituit, desinit ejus esse.* »

Pour être conséquent avec cette proposition, Pomponius dit que la propriété des bêtes hors de service passera à l'usufruitier du jour du remplacement de même que la propriété des bêtes servant au remplacement, passe au nu-propriétaire. « *Et sicut substituta statim domini fiunt, ita priora quoque, ex natura fructus desinunt ejus esse.* » C'est en effet un résultat de la jouissance de troupeau. Tous les résultats de la jouissance sont pour l'usufruitier. Le seul droit du nu-propriétaire, c'est que le troupeau soit tenu au complet, c'est ainsi que les arbres qui meurent sont pour l'usufruitier à charge de remplacement.

Les conséquences du système de *Pomponius* sont les mêmes que dans le système d'Ulpien, quant aux risques du croît à supporter par l'usufruitier.

Mais les raisons apportées ne sont pas les mêmes. Ici elles consistent principalement dans la propriété de l'usufruitier qui met les risques à sa charge. Si donc de jeunes têtes périssent, la perte sera pour lui, et il devra compléter le troupeau avec celles qui resteront.

En outre les conséquences du système de *Pomponius* ne sont pas les mêmes que celles du *système d'Ulpien* en ce qui concerne le titulaire de la condiction furtive jusqu'au remplacement. En effet, dans le système d'*Ulpien* nous l'avons considérée comme étant *in pendenti* comme le *dominium* lui-même. Ici, plus de doute : si avant le remplacement, de jeunes têtes viennent à être volées, la condiction furtive appartient à l'usufruitier, puisque c'est lui qui est propriétaire des objets volés.

Les deux systèmes diffèrent donc au point de vue théorique, mais le résultat pratique est à peu près le même.

Pourquoi donc préférons-nous le système d'Ulpien ? C'est qu'il nous semble d'abord affirmé d'une façon péremptoire par la loi 70 laquelle se réfère de plus à l'avis de Julien, tandis que la loi 69 est en quelque sorte une adaptation, une note à la loi 68 toujours du même Ulpien, peut-être une interprétation ; en tout cas elle offre moins de valeur et d'autorité, et ensuite c'est que cette transmission de la propriété de l'usufruitier au nu-propriétaire au moment du remplacement est difficile à admettre, et si nos anciens auteurs l'admettaient ce n'était qu'à l'aide de raisonnements laborieux toujours se ramenant à une intention présumée du nu-propriétaire au seuil de la constitution d'usufruit (Donneau, Lib. X, C. XIII, n° XXV). « *Nihil ad rem facit quod eum capita summissa sunt, ignoravit. Satis est enim ab initio eum fuisse in hac mente, ut vellet, quandocumque quid ex hac causa in rem fructuariam conferretur, id sibi acquiri.* »

N'est-il pas plus simple de considérer la propriété comme ayant pesé sur la tête du nu-propriétaire ou de l'usufruitier suivant qu'il y a ou non remplacement ou que telles ou telles bêtes y sont employées et de dire, en se fondant sur la rétroactivité de la condition que dès le commencement de l'usufruit, le nu-propriétaire est propriétaire du croît sous la condition suspensive du remplacement et l'usufruitier propriétaire du croît sous la condition résolutoire du remplacement ? Mais nous ne nous dissimulons pas que si le transport de propriété de l'usufruitier au nu-propriétaire est laborieux à expliquer dans le système de Pomponius, les conséquences pratiques au point de vue des risques et de la condiction furtive sont beaucoup plus claires et plus faciles à tirer.

Quel que soit le système que l'on adopte il faut toujours décider que le remplacement sera une question de fait et ne pourra résulter de l'intention seule de l'usufruitier.

III. RÉPARATIONS

L'obligation de jouir en bon père de famille et d'entretenir la chose emporte l'obligation de la réparer, puisque, faute de réparattons, la chose irait toujours en se détériorant, résultat que prévient un bon père de famille. « *Cassius scribit lib.* VIII *juris civilis fructuarium per arbitrum cogi reficere, quemadmodum ad serere cogitur arbores et Aristo notat, hœc vera esse* ». (L. 7 § 3, D. VII, 1) (cl. l. 1 § 6. D. XLIII, XXI, l. 3 § 15 D. XLIII, XIX).

Mais de quelles réparations l'usufruitier est-il tenu ?

« *Modica igitur refectio adeum pertinet,* » dit Ulpien à la fin du § 2 de la l. 7. Quelle est cette *modica refectio* ? La l. 7 § 2 dit « *reficere quoque cum œdes per arbitrum cogi Celsus scribit lib.* XVIII *Digestorum* : *Hactenus tamen ut sarta tecta habeat.*

Qu'est-ce que *sarta tecta habere* ?

C'est un exemple choisi par Ulpien pour nous montrer par contraste ce que l'usufruitier n'est pas tenu de faire comme réparations « *neque quod vetustate corruisset, cogi reficere* » « *nec quod dejectum sit vi tempestatis* (cf. l. 59, D. VII, 1).

Ce qu'il est tenu de faire, Ulpien le caractérise en ces termes : *modica refectio*; c'est la réparation des lésions causées par le temps, par la ruine insensible, par le contact ordinaire avec les éléments. Parmi ces réparations se trouve « *sarta tecta habere* » (L. 7 § 2, D. VII, 1) c'est-à-dire l'obligation de recouvrir les toitures abîmées. Cette expression, nous la retrouvons dans la l. 7, C. XXXIII, III, et dans la l. 7, D. XVI, I.

Nous venons de dire que l'usufruitier n'était pas tenu de réparer ce qui est péri par vétusté, et nous disons qu'il doit réparer ce qui a péri par l'effet du temps. N'y a-t-il pas là une contradiction? Non, la loi 59 suppose une *chute*, un *écroulement* provenant de la vétusté. La Loi 7 § 2 se rapporte à l'usure provenant d'un service prolongé, lorsqu'il n'y a pas fait de l'usufruitier. Les commentateurs ont cherché à définir les réparations modiques.

Donneau dit à la note 3 du n° XV du C. XIII du L. X :

« *Tenetur ad sumptus modicos, qui concernunt utilitatem præsentem ac temporariam et perceptionem fructuum, non ad magnos, qui perpetuam utilitatem rei* » (cf. Gomez. Résol. T. II, XV, n° 7. cf. Castillo Sotomayor. De usuf. Ch. XXIII n° 12, et Ch. LVI et S.).

On doit, disent-ils, mettre à la charge de l'usufruitier les réparations qui ont pour but l'usage et la jouissance de la chose, et laisser à la charge du nu-propriétaire celles qui concernent et intéressent son existence même. Cette formule peut être vraie; mais elle ne marquera pas d'une façon exacte s'il y a dans tel cas déterminé réparation modique ou grosse réparation. Les textes ne nous disent-ils pas eux-mêmes que ce sera une question de fait? (cf. L. p §§ 2 et 3. L. 13 § 2). « *Per arbitrum cogi* » disent les uns. « *Judicem dari, ut ejus arbitratu utatur* », disent les autres. Il y a donc lieu à l'appréciation d'un juge ou d'un arbitre.

Pourquoi cette distinction de réparations modiques que l'usufruitier est tenu de faire et de grosses réparations que l'usufruitier n'est pas tenu de faire?

La loi 7, § 2, nous donne la vraie raison :

« *Quoniam igitur omnis fructus rei pertinet, reficere quoque eum ædes per arbiritrum cogi, Celsus sentit.* »

L'obligation de l'usufruitier au sujet des réparations dont il est tenu repose sur ce qu'il ne perçoit le revenu du fonds qu'à la charge de l'entretenir; que l'un est comme le prix de l'autre; (Proudhon 1617, *usufruit*), nous avons déjà vu le troupeau s'entretenant de lui-même par ses produits. Pour les autres choses, on procède d'une manière analogue : l'usufruitier perçoit tous les revenus, sauf à faire les réparations modiques.

Nous écarterons une autre raison donnée par Proudhon de la distinction.

Elle est fondée, dit-il, (1615, *usufruit*) sur ce que la durée des réparations d'entretien qu'on appelle aussi réparations viagères, se rapproche plutôt de la durée de la vie de l'homme, et c'est pourquoi il est juste de les mettre à la charge de l'usufruitier.

D'abord cette analogie est une pure affirmation et la durée des réparations d'entretien doit excéder presque toujours celle de l'usufruit.

Soit, nous répond Proudhon, mais même alors il est toujours plus juste de les faire peser sur celui qui a la jouissance du fonds, que sur celui qui en souffre la privation ; car ces réparations sont dans l'intérêt de celui qui jouit.

Mais de ce qu'une personne a intérêt aux réparations d'entretien, résulte-t-il qu'elle soit tenue de les faire? Elle le peut mais elle ne le doit pas.

La seule vraie raison est donc tirée de la l. 7, § 2. « *Quoniam omnis fructus rei ad eum pretinet.* »

L'usufruitier est donc tenu des réparations modiques.

Mais il n'est pas tenu des grosses réparations.

Ce dernier point a été controversé.

Voici par quels arguments on combat notre proposition et quelle réponse on peut leur faire. L'usufruitier, dit-on, sans avoir précisément à supporter la charge des grosses réparations est néanmoins tenu de les faire, sanf son recours contre le nu-propriétaire à l'extinction de l'usufruit.

On invoque la l. 9, § 5, D. XXXIX, II, « *eum quoque fructuarium, qui non reficit, a domino utifrui prohibendum.* »

Or, le texte précité vise une hypothèse toute spéciale : L'ususufruitier ne donne pas au voisin la caution *damni infecti*, et le nu-propriétaire se trouve par là obligé de la donner ; il doit *alors* pouvoir empêcher l'usufruitier de jouir « *ergo et si de damno infecto non cavet, dominusque compulsus est repromittere prohiberi debet frui.* »

Ce texte semble plutôt devoir nous servir. Et en effet, si l'usufruitier était tenu de toutes réparations, c'est du jour même où il n'a pas donné la caution *damni infecti*, et non pas seulement du jour où le nu-propriétaire a lui-même été forcé de la donner que l'usufruitier serait « *utifrui prohibitus.* »

On invoque encore la l. 56, § 3, D. XXIII, III, qui donne une garantie au mari qui a fait les impenses nécessaires, mais qui implique, dit-on, par là même qu'elle ne fait aucune distinction entre les réparations modiques et les réparations d'entretien. Le mari sera tenu de les faire toutes. Même raison, dit-on, pour l'usufruitier.

Non pas, répondons-nous. D'abord c'est précisément cette garantie que la l. 56, § 3, D. XXIII, III, donne au mari de retenir la dot jusqu'à concurrence de ses impenses nécessaires, *nisi impensa reddatur aut pars fundi, aut totus retinetur* qui n'est pas donnée à l'usufruitier. Nous le demandons : le nu-propriétaire n'a qu'à aliéner et devenir insolvable ; quel recours aurait l'usufruitier ?

Ensuite la loi est positive, quant au mari ; elle le charge de toutes réparations. Elle ne le dit pas pour l'usufruitier ; bien plus, elle dit le contraire comme nous le tirons de la l. 7 § 2 déjà citée. « *Si quæ vetustate corruerunt, reficere non cogitur.* »

Dira-t-on que ce texte ne règle que ce qui est définitivement à la charge de l'usufruitier ? C'est une pure affirmation : ce texte dit d'une manière absolue et sans restriction que dans l'espèce on ne peut contraindre l'usufruitier à réparer. Il ne permet donc pas qu'on l'y contraigne à aucune condition.

C'est par suite de notre règle que si un voisin a sur le fonds grevé d'usufruit une servitude *oneris ferendi*, c'est au nu-propriétaire seul à réparer le mur qui sert d'appui au voisin. *Si usufructus tuus sit, ædium proprietas mea, quæ onera vicini sustinere debeant, mecum in solidum agi potest tecum nullo modo* (L. 1, § 1, D. VIII, II).

L'usufruitier n'est pas tenu de faire les grosses réparations ; mais il en a la faculté et il peut être nécessaire pour lui d'en user, dans ce cas il aurait un recours contre le nu-propriétaire, toujours et sans distinction, suivant les uns, d'après les principes de la gestion d'affaires, suivant les autres (1).

Notons que l'idée d'un recours est unanimement admise (cf. Castillo Sotomayor *de usuf*. C. LVII, § 1, LVI, § 5). Ceux qui admettent sans distinction le recours de l'usufruitier interprètent dans ce sens un rescrit de l'empereur Gordien, L. 7, 6. *de usuf.* : « *Proinde si quid ultra quam impendi debeat, erogatum potes docere, solenniter reposces.* » Le droit de l'usufruitier au remboursement des impenses qu'il a faites pour des réparations dont il n'était pas tenu, est posé comme un principe absolu. Ceux qui admettent le recours d'après les principes de la gestion d'affaires disent que le texte par le mot « *reposces* » (réclamer) suppose simplement que le recours peut exister, si les principes de la gestion d'affaires ne s'y opposent pas, si le nu-propriétaire ne s'est pas opposé à la réparation, et par le futur « *reposces* » (vous réclamerez) indique que le recours de l'usufruitier ne doit s'ouvrir qu'à l'extinction de l'usufruit, et que le montant du recours doit être borné à l'utilité que présentent à cette époque, pour le nu-propriétaire, les impenses faites par l'usufruitier.

1. Quoique les grosses réparations ne soient pas à la charge de l'usufruitier, plusieurs auteurs pensent que dans le cas où le nu-propriétaire n'est pas sur les lieux, l'usufruitier est tenu de l'avertir des accidents ou dégradations qui nécessiteraient une grosse réparation afin qu'il puisse, en réparant promptement, empêcher des dépérissements plus considérables.

« Si fructuarius non denuntiaverit, cum potuerit, proprietario probabiliter ignoranti periculum ruinæ, vel inundationis, aut aliud fiendum impensa proprietarii, et damnum secutum fecerit, tenebitur ipsi proprietario ad interesse. Est enim velut procurator proprietarii, et tenetur ei ad omnem curam et custodiam (Dumoulin. Coutume de Paris, t. 1, § 1, glos. 8, nº 70.

L'usufruitier peut se dispenser même des réparations dont il est tenu en *abandonnant* l'usufruit (l. 64, D. VII, 1).

Cum fructuarius paratus est usumfructum derelinquere, non est cogendus domum reficere in quibus casibus usufructuario hoc onus incumbit. Sed et post acceptum contra eum judicium, parato fructuario derelinquere usumfructum, dicendum est absolvi eum debere a judice » (S. l. 48, D. VII, 1).

La réparation a pour but la jouissance future dans de bonnes conditions. Si je renonce à cette jouissance, pourquoi me forcer à réparer si ce n'est pas mon fait qui a produit la cause de réparation ? Je suis tenu « *propter rem* » ; *quoniam omnis fructus rei ad me pertinet* : désormais *nullus fructus ad me pertinet* ; je ne suis *pas tenu.*

Vous n'êtes *plus* tenu, soit ; reprend-on dans un système que nous rejetons, mais vous êtes tenu des réparations nécessaires actuellement. Ne devant plus jouir, nous vous accordons que vous n'êtes plus tenu ; mais ayant joui vous êtes tenu.

Or, ce système nous paraît inadmissible.

Inadmissible au point de vue rationnel, et en effet, comment pourrait-on douter que l'usufruitier abandonnant l'usufruit fût déchargé des réparations à venir ? Le contraire serait un non-sens. Est-ce donc là ce que la loi a pu vouloir dire et ne faut-il pas en chercher une interprétation plus raisonnable, à savoir que l'usufruitier abandonnant l'usufruit se décharge des réparations actuellement nécessaires.

Inadmissible au point de vue des textes. Que dit la l. 64, citée plus haut ? « *Sed et post acceptun judicium, parato fructuario derelinquere usumfructàm, dicendum est absolvi eum debere a judice.* » N'est-ce pas dire clairement par là que sans cette offre, il serait condamné ? Et alors s'il devait être condamné, c'est qu'il s'agit de réparations actuellement nécessaires ; car on ne peut l'actionner actuellement pour les réparations à venir. Si on le faisait l'action devrait toujours être repoussée comme non fondée, quant à présent, et sans qu'il fut dès lors nécessaire pour cela que l'usufruitier fît l'offre d'abandonner l'usufruit. Sur ce texte des auteurs ont même été plus loin, et ont dit que l'usufruitier même condamné, pourrait encore se décharger en abandonnant l'usufruit, c'est une erreur. Les mots « *acceptum judicium* » de la l. 64, signifient « action intentée » et non condamnation prononcée.

Que dit encore la l. 48 ? Paul vient d'autoriser le nu-propriétaire qui a fait des réparations pour le compte de l'usufruitier en l'absence de ce dernier à agir contre lui par l'action de gestion d'affaires en remboursement de la dépense et il ajoute : « *Sed si paratus sit recedere ab usufructu fructuarius, non est cogendus reficere ; sed actione negotiorum gestorum liberatur.* » Si l'usufruitier qui renonce se trouve dans ce cas libéré de l'action en gestion d'affaires pour une réparation modique faite en son absence par le nu-propriétaire, ne doit-il pas par *a fortiori*, en abandonnant son droit avant que les réparations soient faites, laisser au nu-propriétaire la charge de les faire ?

Que dit encore la l. 65 ? « *Sed cum fructuarius debeat, quod suo suorumque facto deterius factum sit, reficere, non est absolvendus, licet usumfructum derelinquere paratus sit.* » Ne limite-t-elle pas le maintien de l'obligation aux réparations de l'usufruitier renonçant au seul cas de détériorations issues de sa faute ou de celle des gens dont il a responsabilité.

Il s'agit donc des réparations actuellement nécessaires qui ont leur origine dans des détériorations produites au temps de la jouissance.

Écartons aussi un système de Proudhon qui reconnaît bien à l'usufritier la faculté de se décharger par l'abandon de son droit, même des réparations actuellement nécessaires, mais à la charge par lui de rapporter le profit qu'il a retiré de sa jouissance. Proudhon se fonde sur Pothier (Donaire, 237). Pothier dit : « cet abandon auquel est reçu un usufruitier pour se décharger des réparations survenues pendant le temps de sa jouissance, doit s'entendre de l'abandon de son usufruit non-seulement pour l'avenir mais *même pour le passé* c'est-à-dire qu'il doit compte des fruits qu'il a perçus, les réparations qui se *trouvent à faire en étant des charges*. En effet, dit Proudhon (2191), l'usufruitier ne doit point être admis à ruiner le nu-propriétaire en rejetant sur lui la charge de réparer, sans lui restituer les revenus du fonds naturellement destinés à l'acquit de cette charge.

A ces considérations nous pouvons répondre qu'aucun texte ne le soumet à une pareille condition.

Que la charge des réparations n'ayant pas d'échéance précise et déterminée comme celle des impôts par exemple, elle ne correspond pas à l'émolument que l'usufruitier a pu retirer de la chose à telle époque ou pendant telle période de temps. Cette échéance le nu-propriétaire peut la faire arriver quand il veut, et s'il ne dit rien, c'est que la chose lui paraît suffisamment en état. Or, s'il est vrai que la nécessité pour l'usufruitier de faire les réparations ne commence qu'à l'époque où le nu-propriétaire l'actionne à cet effet, il est tout simple qu'il lui suffise, pour se soustraire à cette charge qui échoit alors de faire à ce moment l'abandon de l'usufruit. Il serait souverainement inique de l'astreindre à rapporter le profit qu'il a retiré jusque-là de l'exercice de son droit ; car les dépenses que peuvent entraîner des réparations modiques ne sauraient être en proportion avec ce profit. Nous tirons enfin un dernier argument de la loi 64 déjà citée. De cette loi il résulte que même une fois l'action intentée l'usufruitier peut faire abandon et se décharger. C'est que la charge de réparer n'a pas par elle-même d'époque déterminée d'échéance, n'étant point imposée sur l'émolument perçu à telle époque ou pendant telle période de temps, mais sur le droit même d'usufruit. Si l'usufruitier abandonne ce droit, il fait par là cesser la cause de cette charge ; de sorte que le juge ne doit point condamner, parce qu'il ne trouve plus au moment de sa sentence, de cause à la condamnation, *cessante eausa....*

L'usufruitier peut donc, en abandonnant son droit, se décharger des réparations nées pendant sa jouissance, sans être tenu de rapporter les fruits perçus par lui.

Cette décharge de l'usufruitier par l'abandon est un fait constaté par les textes et indéniable. Mais on peut lui adresser de vives critiques et M. Bugnet, dans sa note sur le passage de Pothier que nous avons cité, ne les lui ménage pas (n° 2 sur 237 Douaire). « N'y a-t-il pas, dit-il, un acquiescement de l'usufruitier à supporter personnellement les charges d'entretien et autres charges annuelles tant qu'il n'a pas abandonné sa jouissance? Cette volonté, au moins tacite, ne constitue-t-elle pas un quasi contrat qui rendrait l'usufruitier personnellement débiteur? Pourquoi, par un abandon rétroactif des fruits, lui permettre de se soustraire à des charges qui étaient la conséquence légale de sa continuation volontaire de jouissance; charges qu'il a conséquemment acceptées?

Cette décharge des réparations par l'abandon ne serait pas permise, lorsque c'est par le fait de l'usufruitier ou le fait de ses gens que les choses ont été détériorées (l. 65 D. VII, 1).

La loi 50 D. VII, 1, semblerait détruire le système que nous avons établi relativement aux réparations auxquelles peut être tenu un usufruitier. L. 50, D. VII, 1. *Titius, Mævio fundum tusculanum reliquit ejusque fidei commisit ut ejusdem fundi partis dimidiæ usumfructum Titiæ præstaret. Mævius villam vetustate corruptam, necessariam cogendis et conservandis fructibus ædificavit: quæsitum est, an sumptus partem pro portione ususfructus Titia agnoscere debeat? Respondit Scevola, si priusquam ususfructus præstaretur necessario ædificasset, non atias cogendum restituere, quam ejus sumptus ratio haberetur.*

Elle dit en effet qu'en cas de fidéicommis de l'usufruit d'un fonds, si le fiduciaire, avant de livrer le fonds, a reconstruit un bâtiment délabré par vétusté et nécessaire pour serrer les fruits, il ne peut être contraint de fournir l'usufruit au fidéicommissaire avant de s'être fait tenir compte de la dépense.

D'où l'on pourrait tirer que l'usufruitier aurait à rembourser les dépenses de réparations faites avant la constitution d'usufruit, qu'il doit reconstruire ce qui est tombé par vétusté et reconstruire totalement.

Ces conclusions sont justes : mais il ne faut pas ici envisager le titre d'usufruitier et de nu-propriétaire, mais celui de fidéicommissaire et de fiduciaire. La solution du texte n'est pas l'application de la règle qui oblige un usufruitier à réparer, mais bien l'application à un fidéicommis d'usufruit, de cette règle générale qu'un fidéicommissaire doit tenir compte au grevé des dépenses nécessaires que celui-ci a faites avant la restitution (arg. l. 40 § 1 D. XII. VI) (cf. Proudhon usufruit 1719).

Culture.

L'usufruitier doit cultiver convenablement et de plus il doit cultiver si la terre doit souffrir de l'absence de culture.

S'il cultive, il doit cultiver convenablement. Il doit labourer ses terres et non les laisser en friche (l. 13 § 2). C'est là une obligation résultant de la promesse de jouir en bon père de famille ; car c'est principalement dans ce but qu'elle a été instituée, à savoir pour prévenir la détérioration de la chose par des négligences que la loi Aquilia n'aurait pas atteintes.

Il doit cultiver, si la terre doit souffrir de l'absence de culture. D'où si la terre loin de souffrir des repos doit y gagner, le nu-propriétaire n'a évidemment rien à dire car ses intérêts ne sont point lésés. Le nu-propriétaire n'a évidemment pas ici vis-à-vis de l'usufruitier les mêmes droits qu'un locateur vis-à-vis d'un fermier. Ce fermier en effet peut être contraint à labourer et à semer pour assurer au propriétaire son gage sur les fruits.

C'est encore en vertu de l'obligation de jouir en bon père de famille que l'usufruitier ne doit point laisser les conduits d'eau se détériorer (l. 13, § 2), et qu'il ne doit point ouvrir des mines et carrières, si l'exploitation qu'il établit est insalubre ou d'entretien dispendieux, par exemple si elle était au-dessus des moyens du nu-propriétaire, en exigeant un trop grand nombre de bras (l. 13, § 6, D, VII, 1).

Esclaves.

L'usufruitier doit nourrir et vêtir les esclaves, les faire traiter dans leurs maladies, le tout à ses frais, bien entendu. « *Valetudinis impendia ad eum respicere* (l. 45, D. VIII, 1).

Il y aurait abus s'il usait de châtiments excessifs ou de nature à laisser des traces ou des cicatrices. Mais ici il y aurait en cas de délit ou de quasi délit concours de l'action *ex stipulatu* ou de l'action de la loi Aquilia, et les actions *de servo corrupto* et d'injure « *neque torqucat, neque flagellis cædat* » l. 23 § 1. *Nec servum cicatricibus deformare* l. 17, § 1. (cf. l. 66, D. VII, 1. l. 9 § 1, D. XI, III).

Un esclave a été jadis vendu au propriétaire sous certaines prohibitions ou charges, sanctionnées par une clause pénale. L'usufruitier doit-il les respecter? La l. 27 § 5 nous répond : « *Et puto debere eum observare, alioquin non boni viri arbitratu utitur fruitur.*

Fonds grevé de servitude.

Enfin en vertu de l'obligation de jouir en bon père de famille, l'usufruitier doit respecter une servitude constituée sur le fonds par une *stipulation*. Mais il s'agit d'une servitude établie avant l'ouverture de l'usufruit. En effet, Ulpien dit à la l. 15 § 7. « *Proprietatis dominus ne quidem consentiente fructuario servitutem imponere potest.* » S'il s'agissait d'une servitude établie par un mode constitutif de droit réel, par une quasi tradition ou une tolérance, l'usufruitier le supporterait comme charge dont est grevé le fonds ; ici il s'agit d'une stipulation par laquelle le propriétaire a promis, non pas d'établir la servitude comme droit réel, mais de la laisser exercer par le voisin. L'usufruitier est tenu *de la respecter*, L. 27 § 4. *Si qua servitus imposita est fundo, necesse habebit fructuarius sustinere : unde et si per stipulationem servitus deleatur, idem puto dicendum*, à cause de la promesse qu'il a faite. En effet il ne jouirait pas en bon père de famille s'il ne souffrait pas l'exercice de la servitude (L. 27, § 4.)

Doit-on faire découler de l'obligation de jouir en bon père de famille la nécessité pour l'usufruitier de respecter un bail consenti par le nu-propriétaire ?

Nullement. Si on obligeait l'usufruitier envers le nu-propriétaire à respecter le bail, on lui interdirait par là même la jouissance. Car d'un côté, il ne pourrait jouir par lui-même ; de l'autre il n'aurait pas droit aux loyers, les loyers ne pouvant être dus qu'au locateur, c'est-à-dire, ici, au nu-propriétaire. Un usufruitier peut sans doute louer, au lieu d'exploiter par lui-même. Mais en louant, il use de son droit, il l'exerce, tandis qu'il ne l'exercerait pas en laissant s'exécuter un bail consenti par le nu-propriétaire. La jouissance de l'usufruitier ne saurait marcher de pair avec l'exécution de ce bail. Or, on ne peut, sous prétexte de l'astreindre à jouir en bon père de famille, l'empêcher absolument de jouir. Je dois bien, dirait-il, jouir en bon père de famille, mais il faut d'abord que je jouisse.

Telles sont les obligations qui résultent de la première clause de la caution usufructuaire. « *Uti frui boni viri arbitratu.* » Il est inutile de faire de nouveau ressortir l'importance de cette clause sanctionnée par l'exercice immédiat de l'*actio ex stipulatu*. Elle fait naître un grand nombre d'obligations sans lesquelles les négligences de l'usufruitier auraient pu ruiner insensiblement la chose : elle fortifie les obligations anciennes sanctionnées par la loi Aquilia, l'*interdictum quod vi aut clam* l'*actio furti, de servo corrupto*, etc...

Quand donc l'*actio ex stipulatu* sera-t-elle encourue par l'usufruitier du premier chef de la caution usufructuaire ?

I. *Statim.* — L'usufruitier sera *immédiatement* soumis, lui et ses fidéjusseurs à l'action *ex stipulatu* (l. 1 § 5, D. VII, IX). « *Ut si quis non viri boni arbitratu utatur, committatur stipulatio statim : nec expectabimus, ut amittatur ususfructus* » (l. 1, § 6, ibid). « *Quarum prior statim committetur quam aliter fuerit usus.* C'est d'ailleurs la loi de toute stipulation conditionnelle, que l'arrivée de la condition fasse naître l'action née de la stipulation (I, § 4, L. III, T. XVI).

Le moment sera pour les obligations *in non faciendo* celui où l'usufruitier aura commis un acte positif enfreignant la stipulation (I. § 7, *in fine*, L. III, T. XVI).

Le moment sera pour les obligations consistant *in faciendo* celui où quelqu'un des actes positifs stipulés de l'usufruitier n'aura pas été accompli (Ibid. I.) (cf. l. 72 pr., l. 68, D. XLV, I, l. 13, § 1, D. XLII, I).

II. *Sæpius.* — L'usufruitier pourra être *plusieurs fois* soumis à l'action *ex stipulatu* (l. 1, § 6, D. VII, IX), « *et sæpius committetur.* »

Les infractions commises à la loi de la stipulation par l'usufruitier peuvent être en effet variées et renouvelées ; autant de fois elles se produiront, autant de fois il y aura lieu pour le nu-propriétaire stipulant à l'exercice de l'action *ex stipulatu*.

III. *Semper.* — L'usufruitier une fois tenu de l'*actio ex stipulatu* du chef de la première clause de la *cautio fructuario*, reste tenu quel que soit l'évènement, et même si le nu-propriétaire aliène ou perd son droit dans la suite (Arg. l. 57, § 1, D. XXI, II : *Semel commissa stipulatio resolvi non potest*).

Nous verrons qu'il en est autrement de la seconde clause.

Quelle sera la condamnation prononcée contre l'usufruitier du chef de la première clause de la cautio fructuaria ?

Sur l'action *ex stipulatu* qu'intente le nu-propriétaire, le juge est tout naturellement chargé d'arbitrer les abus que l'usufruitier a déjà pu commettre dans sa jouissance. Mais il a encore pour mission de régler le mode de jouissance pour l'avenir (L. 13, § 1, D. VII, I). *Cum igitur de usufructu agitur, non solum quod factum est, arbitratur, sed etiam in futurum, quemadmodum uti frui debet.*

Remarquons en terminant cette étude de la première clause, que, outre l'action *ex stipulatu* qui lui est ouverte lorsque l'usufruitier détériore la nue-propriété, le nu-propriétaire a encore la faculté de mettre empêchement à sa jouissance (*arg. a contrario* l. 15, § 6). Loi 15, § 6. *Proprietatis dominus non debebit impedire fructuarium ita utentem, ne deteriorem ejus conditionem faciat.* Si donc l'usufruitier détériore et que le nu-propriétaire s'oppose à sa jouissance, son action confessoire ne sera admise qu'autant qu'il se soumettra, non-seulement à réparer le dommage causé, mais encore à jouir désormais convenablement (l. 13, § 1, D. VII, I).

Voilà en quoi consiste la première clause de la caution usufructuaire, quand, comment, est encourue l'*actio ex stipulatu* et à quelle condamnation elle aboutit.

RESTITUER.

La promesse de restituer oblige l'usufruitier à rendre à la fin de son usufruit ce qui restera des choses qui y sont soumises (L. 1, pr. D. VII, IX) « *et, eam ususfructus ad eum pertinere desinet, restituturum quod inde extabit.* » Ce n'est pas que par là, le nu-propriétaire stipule sa propre chose ; c'est-à-dire stipule que l'usufruitier lui transférera la propriété des choses soumises à l'usufruit parce qu'une telle stipulation serait inutile d'après la règle ordinaire, ce qui appartient à une personne ne pouvant plus lui être acquis. Le nu-propriétaire stipule simplement qu'on lui restituera, qu'on remettra entre ses mains ce qui restera des choses soumises à l'usufruit. Or cette remise est certainement possible, puisque les choses sont entre les mains de l'usufruitier. La stipulation est donc valable (L. 1, § 7, D. VII, IX. cf. L. 87, D. XLV, I).

Dégageons les obligations qui naissent de cette promesse. « *Restituturum quod inde extabit.* » Cette clause de la caution constitue l'usufruitier débiteur d'un corps certain. Elle donne donc lieu à l'application des principes généraux sur les obligations ayant pour objet un corps certain. Nous avons déjà exposé quelle était l'utilité de cette clause, la seule obligation de restituer comme détenteur sans cause à la fin de l'usufruit, ne permettant pas au nu-propriétaire de se faire indemniser, puisque l'usufruitier n'était pas tenu de se montrer vigilant et soigneux.

Ainsi elle oblige l'usufruitier à veiller à la garde et à la conservation des choses soumises à l'usufruit ; et cela est rationnel puisque ces choses sont complètement à sa disposition et, partant, sous sa garde (L. 1, § 1 : « *Omnem enim rei curam suscipit*, loi 2 : « *Nam fructuarius custodiam præstare debet*). »

Il répondrait donc non seulement de la perte ou des détériorations qui arriveraient par son fait, mais encore de celles qui proviendraient de sa négligence.

D'où deux obligations qui se rattachent par certains côtés à la promesse de jouir en bon père de famille et que pour ce motif nous avons indiquées plus haut, mais qui relèvent encore plus directement de la promesse de restituer, et en effet l'usufruitier peut commettre des fautes *in omittendo* sans jouir le moins du monde.

A savoir : l'obligation d'interrompre l'usucapion, alors qu'il est possible à l'usufruitier de le faire. Faute de quoi il sera tenu envers le propriétaire de la valeur de la chose (l. 1, § 9, D. VII, IX). « *Interdum autem inerit proprietatis æstimatio si forte fructuarius, cum possit usucapionem interpellare, neglexit.*

L'obligation de ne pas laisser les servitudes s'éteindre par le non usage. Faute de quoi il sera tenu de dommages-intérêts (l. 15, § 7, D. VIII, 1), « *et si forte fuerint non utente fructuario, amissæ, hoc quoque nomine tenebitur.* »

L'usufruitier ne répond pas plus que tout autre débiteur de corps certain, de la perte ou des détériorations arrivés par cas fortuit ou force majeure. Nous ne pourrions que reproduire les considérations que nous avons exposées sur la première clause de la caution (cf. l. 59, D. VII, 1).

Il ne répond pas davantage de celles qui résultent du seul fait de l'usage, sans qu'il y ait d'ailleurs aucune faute ou aucun abus de jouissance à lui imputer (cf. l. 12, § 1, D. VII, 1).

Quod inde extabit. L'usufruitier restituera ce qui restera de la chose soumise à l'usufruit, et quelquefois la valeur de la chose, quand on peut dire que dans ce cas « *æstimatio rei extat;* » nous en avons vu un cas à la loi 1 D. VII, IX, *in fine*, lorsque l'usufruitier a négligé d'interrompre l'usucapion.

Rappelons que la loi romaine dans le but d'arriver à obtenir une restitution sur des bases exactes donne aux deux parties, au nu-propriétaire comme à l'usufruitier, le conseil de faire un inventaire ; mais ne leur en impose pas l'obligation. Ce sera en effet une précaution salutaire ; car dans certains cas l'usufruitier défendeur pourrait croire ne devoir rien, et se demander s'il doit, ou acquiescer à la demande du nu-propriétaire ou engager le procès avec lui (cf. l. 1, D. II, XIII, l. 3 C. II, I) et le nu-propriétaire demandeur lui-même ne saurait quelle formule donner à son action.

Quand l'*actio ex stipulatu* sera-t-elle encourue par l'usufruitier du second chef de la caution usufructuaire ?

L. 1, pr. D VII, IX. Ulpien indique le moment « *cum usufructus ad eum pertinere desinet* » Qu'entendre par ces mots ? Evidemment un usufruit qui a appartenu à quelqu'un et qui a ensuite cessé de lui appartenir suivant les lois du Digeste *de regulis juris* 208. « *Non potest videri desiisse habere, qui nunquam habent* » *et* 83 *non videntur rem amittere. quibus proprie non fuit.*

Cependant *Ulpien* indique une exception. Il y a un cas au moins où l'usufruit semble cesser d'appartenir à quelqu'un sans lui avoir appartenu.

En effet, si l'usufruit ayant été établi par legs, la chose a été remise au légataire et la caution usufructuaire donnée par lui avant l'ouverture du legs, mais qu'ensuite le legs devienne caduc, il y a lieu à l'action en restitution, en vertu de la seconde clause de la stipulation (L. 3, § 1, D. VII, IX). « *Desinere pertinere usumfructum accipiemus, etiam si nec cœperit pertinere, quamvis legatus sit; et committetur nihilominus stipulatio, quasi desinat pertinere, quod ne cœpit.* » Sans doute à s'en tenir au sens strict des mots, l'action ne devrait pas être ouverte, car l'usufruit n'est pas fini. Ce qui n'a pas même eu un commencement, n'a pas non plus une fin (cf. L. 1, § 4, D. VII, III). « *Non solum autem ususfructus ante aditam hereditatem dies non cedit, sed nec actio de usufructu.* » Mais dans la pensée des parties, l'usufruit légué prend fin aussi bien dans le cas où le legs devient caduc que dans celui où, après qu'il a produit son effet, l'usufruit vient à s'éteindre, parce qu'effectivement dans l'un comme dans l'autre cas, le légataire n'a plus de cause pour retenir les choses dont on lui avait légué l'usufruit. On peut même dire qu'à *fortiori*, dans le cas où le legs devient caduc, l'usufruitier doit restituer (cf. Donneau. L. X, C. XIV, nº XVII). *Non est hoc comprehensum verbis aperte i sed constat esse actum et sensum ut fieret* (cf. l. 34, D. L. XVII). « *Semper in stipulationibus et cœteris contractibus, id sequitur, quod actum est.* » (cf. la l. 96, D. XXXV, I, l. 35, § 1, D. VII, 1). La l. 96, C. XXXV, I, donne une solution qui semble incompatible avec la décision d'Ulpien « *desiise enim non videtur, quod nec incipit.* » Mais dans cette loi les expressions : « *Si ad eum pertinere desinet* », forment la condition opposée à l'affranchissement, tandis que dans notre espèce, elles indiquent simplement un terme, terme dont l'époque précise dépend de l'intention des parties.

L'usufruit cessera par tous les modes d'extinction qu'il n'est pas utile de rappeler ici ; quel que soit le mode, la seconde clause de la caution sera encourue (L. 3 pr. D. VII, IX. « *Omnes autem casus continentur huic stipulationi, quibus ususfructas amittitur.* »

Nous avons dit que l'usufruitier une fois tenu de l'action *ex stipulatu* du chef de la première clause, reste tenu, quel que soit l'évenement, et même si le nu-propriétaire aliène ou perd son droit dans la suite. Il n'en sera pas de même pour la promesse de restituer. La stipulation devient inutile, si le nu-propriétaire a aliéné la propriété, avant l'extinction de l'usufruit.

En effet l'usufruit éteint ne peut retourner à un autre qu'au propriétaire (I, lib. II, T, IV, § 4).

Or celui qui a aliéné, n'est plus propriétaire et cela par son fait et sa volonté. Aussi ne peut-il se faire restituer par l'acte *ex stipulatu*, et ses successeurs le peuvent encore moins.

L'usufruit peut être restitué au nouveau propriétaire qui a la revendication, mais non l'action née de l'ancienne stipulation. Il n'aurait une *actio ex stipulatu*, que s'il s'était fait donner caution, comme il le pouvait, par l'usufruitier, au moment où il a acquis la propriété. *Si heres alienaverit proprietatem, et postea amittatur usus fructus, an ex stipulatu agere possit, videamus? Et fortius dici potest, ipso jure non committi stipulationem; quia neque heredi, successoribusve ejus restitui potest: neque is, cui potest (id est ad quem pervenit proprietas) pertinet ad stipulationem. Sed is, ad quem pervenit, tempore quæsiti dominii sibi prospicere alia cautione debet: quod etsi non fecerit, nihilominus in rem actione uti potest* (L. 3, § 4 D, VII, IX).

L'action *ex etipulatu* dans sa seconde clause née *ipso jure*, peut être repoussée dans deux cas par une exception.

Premier cas. — (l. 3, § 2. D. VII, IX).

L'usufruit a été « *amissus repetitus* » c'est-à-dire légué de telle sorte que le testateur veut que l'usufruit revienne à ce même légataire qui l'aura perdu.

Alors à la perte de l'usufruit, il y aura lieu à la seconde clause; mais elle sera repoussée par une exception fondée sur la volonté du testateur. L'usufruit est « *amissus* » soit, mais étant « *repetitus* » c'est comme s'il n'était pas « *amissus.* »

Second cas. — (l. 3, § 4, D. VII, IX).

La propriété parvient à l'usufruitier lui-même sans *le fait* du stipulant. Par exemple le testateur a légué l'usufruit à Titius, et au même la propriété, « *si liberos habuerit.* » Titius a des enfants, la propriété lui arrive. Il y aura lieu à la seconde clause mais elle sera repoussée par une exception fondée sur ce que l'usufruit à son extinction doit revenir au nu-propriétaire actuel, qui est précisément dans notre espèce l'ancien usufruitier (I. lib. II, tit. IV, § 4.)

Quelle sera la condamnation prononcée du chef de la seconde clause?

Cela ressort clairement de ce que nous venons de dire :

1° « *Quod inde extabit.*
2° « *interdum rei æstimatio*.

Voilà en quoi consiste la seconde clause de la caution usufructuaire, quand, comment est encourue l'*actio ex stipulatu* et à quelle condamnation elle aboutit.

La caution usufructuaire contient en outre la clause ascessoire dite *de dolo* très fréquente dans les stipulations qui se font par ordre du magistrat ou du juge. L'usufruitier garantit absence de tout dol dans le présent et dans l'avenir ; et comme cette clause n'est pas restreinte au dol personnel de l'usufruitier, qu'elle se réfère, au contraire, au dol en général, elle comprend même la garantie du dol des successeurs universels de l'usufruitier, et aussi, en cas d'adoption, celui de son père adoptif. *Huic stipulationi dolum malum abesse, abfuturumque esse continetur, et, cum in rem sit doli mali mentio concepta, omnium dolum comprehendere videtur successosum, et adoptivi patris* (l. 5, D. VII, IX).

Sans doute l'usufruit ne se transmet pas aux successeurs universels ni au père adoptif qui est de ce nombre. Mais la chose peut se trouver momentanément entre leurs mains, et la dol qu'ils commettaient alors est garanti par la caution usufructuaire aussi bien que le dol personnel de l'usufruitier lui-même; car l'obligation prise par l'usufruitier se transmet à ses successeurs. Tel est au surplus l'effet de la clause *de dolo* dans toute autre circonstance (l. 38, § 13, D. XLV, 1).

Mais l'usufruitier ne répond pas du dol des tiers l. 38, § 13, D. XLV, 1. Ce dol, en effet, constitue pour lui, dans les rapports avec le nu-propriétaire, une simple cas fortuit. Or l'usufruitier ne répond pas de cas fortuits. Pour qu'il fût garant du dol d'un tiers, il faudrait une clause conçue en ce sens. Telle est la règle posée pour les stipulations en général, et en particulier pour la caution *judicatum solvi* (ibid. et l. 19 pr., et § 1, D. *jud. solvi*).

Nous avons terminé notre étude sur les obligations de l'usufruitier en droit romain en nous plaçant d'abord en dehors de toute stipulation entre l'usufruitier et le nu-propriétaire et ensuite en étudiant les rapports créés entre eux par la *cautio fructuaria* promesse facultative d'abord et rendue ensuite obligatoire par la législation du préteur.

APPENDICE

CAUTIO DAMNI INFECTI.

Est-ce à l'usufruitier ou au nu-propriétaire à donner cette caution?

A l'un ou à l'autre, dit la l. 9. § 5, D. XXXIX, II. Il faut en effet prévenir les effets de l'envoi en possession qui pourrait nuire à la fois aux droits de l'usufruitier et à ceux du nu-propriétaire. « *Celsus recte scribit, si ædium tuarum usus fructus Titiæ est, damni infecti aut dominum repromittere aut Titiam satisdare debere.* » (add. l. 10, l. 15, § 25).

La loi 10 nous montre que la caution doit être donnée pour le tout. » *Nisi proprietarius in totum repromittat, vel fructuarius satisdet.* » Les mots *in totum* sont interprétés dans le même sens, sur la l. 17. D. XXXVI, III, du même Paul. Cujas au contraire les entend dans notre l. 10 en ce sens que celui du nu-propriétaire ou de l'usufruitier qui donne caution doit la donner pour toutes les parties de la propriété qui menacent le voisin de quelque dommage, ainsi, pour le vice du sol, des bâtiments, des arbres.

Le propriétaire ne prend qu'un engagement personnel (*repromittit*).

L'usufruitier doit en outre fournir des répondants (*satisdat*) (l. 7, pr.).

Le défaut de la prestation de la caution par l'un ou l'autre entraîne l'envoi en possession du voisin qui entraînera l'extinction de l'usufruit par le non usage et usucapion de la propriété au profit de l'envoyé.

Dans les rapports de l'usufruitier et du nu-propriétaire voici quelles seront les conséquences du défaut de la prestation de la *cautio damni infecti.*

La loi 9, § 5, D, XXXIX, V, dit : « *Idem ait, eum quoque fructuarium, qui non reficit, a domino utifrui prohibendum ergo et si damno infecto cavet, dominus que compulsus est repromittere, prohiberit debet frui.* »

L'usufruitier doit réparer ; il ne répare pas et de plus ne donnant pas au voisin la *cautio damni infecti,* il la fait encourir au nu-propriéiaire. Le nu-propriétaire peut s'opposer à l'exercice de l'usufruit. Ce cas est présenté par cette loi comme analogue à celui où l'usufruitier ne réparant pas, se voit interdire l'exercice de son droit.

Quand le propriétaire a donné caution il a donc quelque chose à réclamer de l'usufruitier, faute de quoi il l'empêchera de jouir.

Si le dommage est causé et que le nu-propriétaire indemnise, l'usufruitier doit contribuer à cette dépense : « *Et si obtulerit proprietarius aliquid, non est fructuario permittendum uti, nisi contulerit.* »

Quand l'usufruitier a donné la *cautio damni infecti,* il n'a rien à réclamer au contraire au propriétaire, car il pouvait et devait réparer, et il aurait ainsi évité l'obligation de fournir la satisdation.

Mais si le dommage est causé et que l'usufruitier indemnise, le nu-propriétaire doit contribuer à la dépense (l. 22, pr.) « *idemque fructuario prestandum est, ut, proprietarius cogatur ei conferre.* »

Paul décide que l'usufruitier doit avoir la même position qu'aurait le voisin envoyé en possession : *ut quod haberet vicinus missus in possessionem, id fructuarius habeat, qui damnum vicino sarciit.* » D'où, il retient le sol jusqu'à ce qu'il soit indemnisé par le nu-propriétaire, et s'il n'est pas indemnisé il acquerra la propriété. « *Ergo et solum retinebit fructuarius, si ædes ceciderint, donec præstetur ei damnum.* » Et il acquerra la propriété, disons-nous, par l'usucapion ; mais seulement en vertu du second décret d'envoi tout comme le voisin auquel il est assimilé par Paul, et non pas extraordinairement par le pouvoir du magistrat, comme le pense Cujas. Cujas pense que le décret qui autorise l'usucapion n'est promis qu'à celui qui a droit à la caution. Nous répondons par notre loi 22 : « *ut quod haberet vicinus missus in possessionem, id fructuarius habeat, qui damnum vicino sarciit.* »

Mais il faut, selon nous, beaucoup restreindre ce principe de contribution par l'usufruitier et le nu-propriétaire à la réparation du dommage causé.

Il faut qu'il s'agisse de travaux dont l'usufruitier n'était pas tenu envers le propriétaire pas plus que le nu-propriétaire envers l'usufruitier : un dommage causé par un vice du sol, comme le dit Paul dans la loi 10 *in fine* : *Sed si fructuarius de soli vitio quid præstiterit, jus domini ad eum transferri oportet.* Le paiement du dommage profite en effet ici à tous deux ; d'où nécessité de s'indemniser réciproquement.

ACTION NOXALE.

Quelle est la position de l'usufruitier eu égard à l'action noxale? Quelles sont ses obligations ?

Rappelons les conséquences de l'action noxale. Réparation pécuniaire que demande le délit ou abandon de l'esclave.

L'abandon ne peut être fait que par celui qui a la propriété de l'esclave.

Soit le nu-propriétaire abandonnant l'esclave. Il ne peut nuire aux droits de l'usufruitier ; il n'abandonnera donc au tiers que la nue-propriété. C'est pourquoi l'usufruitier au moyen de l'offre de la réparation péucniaire pourra évincer le tiers ainsi qu'il est dit en la loi 17 § 2, D. VII, I. « *Debebit plane denegari usufructus persecutio, si ei, qui noxæ accepit litis æstimatio non offeratur a fructuario.* » Voilà le tiers alors évincé, quant à l'usufruit, qui se retourne contre le nu-propriétaire et lui dit : Vous ne vous êtes pas libéré, puisque vous ne m'avez pas abandonné la pleine propriété de l'esclave. L'usufruitier, il est vrai, m'offre la réparation pécuniaire ; mais j'ai le droit de vous actionner, et je vous actionne aussi.

Remarquons que ce langage, il ne pourrait pas le tenir si l'usufruit venait à s'éteindre, la propriété pleine et irrévocable lui étant dès lors acquise (ch. l. 4. D. XLII, I, et surtout l. 69 D. XLVI, III, « *sed si usufructus interierit... existimo processuram liberationem.* »

Le nu-propriétaire ainsi actionné par le tiers appellera de son côté l'usufruitier devant le magistrat qui par son pouvoir le contraindra soit à renoncer à son usufruit, soit à contribuer au paiement de la condamnation en raison de la valeur de son usufruit (l. 17 § 1, D. IX, IV). « *Sed per prætorem id consequar ego dominus proprietatis, ut aut cogat prætor te pro æstimatione ususfructus conferre ad litis æstimationem, aut usufructu cederi, si hoc expediat.* »

Le nu-propriétaire qui abandonne ainsi l'esclave est absous. Mais s'il connaissait l'existence de l'usufruit, il est tenu de l'action de dol envers le tiers. Cette action de dol sera noxale ; c'est-à-dire que le nu-propriétaire aura la faculté de se libérer en abandonnant l'esclave en pleine propriété. C'est ce que dit la l. 9 § 4 D. IV, III. (*Et si servum pigneratum noxæ mihi dederis per judi-*

cem, et ita absolutus, de dolo teneris, si apparuerit esse eum pignori datum ; hæc de dolo actio noxalis erit), à propos d'une hypothèque dont le *tradens* aurait connu l'existence ; et on étend par analogie cette décision au cas de l'existence d'un usufruit ignorée par le nu-propriétaire. Pour faire cet abandon de l'esclave en pleine propriété le nu-propriétaire devra appeler l'usufruitier devant le magistrat, qui le contraindra soit à renoncer à son usufruit, soit à défendre à l'action d'indemnit éintentée par le tiers.

La victime du délit en présence d'un défendeur qui refuse de défendre à l'action noxale a le droit d'emmener l'esclave. Si c'est le nu-propriétaire qui se dérobe ainsi par dol ou par négligence, l'usufruitier a le droit de se substituer à lui pour défendre à l'action et sauvegarder ses droits (l. 15 § 5 L. IX, IV) « *ne alterius dolus aut desidia aliis noceat.* »

Mais il doit défendre ; et s'il prétendait évincer le tiers sans défendre à l'action, le magistrat s'y opposerait et son usufruit risquerait de s'éteindre par non usage (l. 27, pr. D. IX, IV) (l. 3, D. II, IX) : « *si cum usufructuario noxali judicio agetur, isque servum non defenderit ; denegatur ei per prætorem ususfructus persecutio* » (cf. l. 30, D. IX, IV). Il pourrait être permis à l'usufruitier absent et de bonne foi de défendre à son retour. « *Sed reversis defendendi ex bono et æquo potestas datur.* »

L'usufruitier qui défend ainsi au refus du nu-propriétaire et qui perd son procès livre l'esclave, mais à la fin de l'usufruit, il repoussera la demande de restitution faite par le nu-propriétaire, au moyen d'une exception de dol ou *in factum* (l. 17, § 1, *in fine*, D. IX. IV), « *et, si ego dominus proprietatis eum servum nolui defendere, defensio tibi permittenda est ; et, si damnatus hominem tradas, et adversus me tueris.* »

En principe donc c'est le nu-propriétaire et non l'usufruitier qui est tenu de l'action noxale ; ce n'est que par exception que l'usufruitier y défendra. D'où celui qui est devenu propriétaire de l'auteur du délit dont il a été victime, ne peut pas intenter l'action noxale contre lui-même par confusion. Mais celui qui est devenu usufruitier conserverait l'action noxale à lui acquise, car il n'en est point tenu lui-même (l. 43, § 12, D. XLVII, II).

ANCIEN DROIT

Les obligations de l'usufruitier dans l'ancien droit sont soumises aux règles du droit romain la plupart du temps. Nous n'avons donc pas besoin de reprendre une à une les idées du droit romain dont nos anciens auteurs ont été les fidèles copistes. Il nous suffira d'indiquer et de résumer quelle a été sur les questions importantes que soulève notre matière l'opinion des principaux jurisconsultes, de saisir sur quelques points la transition qui s'opère entre les principes du droit romain et ceux que nous constaterons établis dans notre droit actuel ; enfin d'exposer les arguments fournis dans les plus graves controverses, arguments qui servent encore de base aux discussions dans le droit nouveau.

Nous ne ferons pas une étude spéciale des types d'usufruitiers légaux que nous présente l'ancien droit, la douairière, le gardien noble, le donataire mutuel, le seigneur féodal saisissant. En effet nous écartons de notre étude l'usufruit légal. Mais comme ces types d'usufruit seront souvent visés dans les questions ou les controverses que nous examinerons, nous croyons utile d'en donner une courte définition.

Le douaire était un usufruit accordé à la veuve par la coutume pour lui donner le moyen de vivre honorablement selon la condition de son défunt mari. Le douaire coutumier se composait de la moitié des héritages appartenant au mari au jour du mariage, ou à lui échus postérieurement par succession ou donation en ligne directe.

Le douaire pouvait être stipulé et alors il était conventionnel ou préfix ; il se composait d'une somme de deniers, ou d'une rente, ou d'un héritage à cet effet déterminé par le mari. Souvent dans la coutume de Paris le douaire préfix faisait cesser le coutumier à moins de convention contraire (Paris, 248), mais en général la femme avait l'option entre les deux.

Le douaire des enfants consistait dans un droit de propriété ; nous n'avons donc pas à en parler.

La *garde noble* s'ouvrait par le décès de l'un des père et mère, lissant des enfants mineurs. Elle conférait généralement au gardien la jouissance de tous les biens meubles ou immeubles échus aux enfants par la succession de l'époux prédécédé ou qui pourraient leur échoir en ligne directe pendant la durée de la garde.

La *garde bourgeoise*, dans les coutumes qui l'admettaient, conférait au gardien les mêmes avantages.

Une seule espèce de donations était universellement autorisée entre époux, à cause de son caractère de réciprocité ; nous voulons parler du don mutuel (Paris, 280). Quant aux choses dont il était permis de disposer par don mutuel, les coutumes variaient. A Paris et ailleurs, le mari et la femme ne se pouvaient donner que leurs meubles et conquêts immeubles pour en jouir en *usufruit* seulement et encore à la charge de donner caution.

La saisie féodale faute d'homme et droits non payés emportait *gain de fruits* pour le seigneur ; il pouvait exploiter lui-même ou faire exploiter par un sergent ou par toute autre personne, en respectant toutefois les baux faits sans fraude par le vassal avant la pairie.

Ces courtes définitions données de ces types spéciaux, nous pouvons étudier ce qu'il y a de particulier dans l'ancien droit au point de vue des obligations de l'usufruitier en général.

OBLIGATIONS A L'ENTRÉE EN JOUISSANCE.

I. — OBLIGATION DE FAIRE INVENTAIRE.

Le simple conseil que le droit romain donnait à l'usufruitier de faire inventaire était devenu impératif par la force de l'usage. Il y a là une transition entre le simple avis donné par le droit romain et la véritable obligation sanctionnée par l'article 600 du Code civil.

La jurisprudence proscrivit le système qui prétendait que l'héritier pouvait n'avoir aucun égard à la remise que le testateur aurait faite à l'usufruitier de l'obligation de faire inventaire. Serres (Institutions p. 310) présente ce point de jurisprudence comme incontestable.

En présence de l'article 600 si formel nous serons forcé de faire quelques réserves, et dans la controverse qui naît à ce sujet nous n'admettrons la validité de la dispense qu'en tant qu'elle oblige l'héritier qui veut faire l'inventaire à le faire à ses frais et non en tant qu'elle interdirait à l'héritier de faire un inventaire en obligeant l'usufruitier à y prendre part. Mais avec cette restriction et cette portée nous admettrions la validité de la dispense même dans le cas où l'usufruit porterait sur des biens réservés.

Quant à la question de savoir si le retard dans la confection de l'inventaire prive l'usufruitier des fruits, il faut la résoudre négativement et étendre la décision que donne Pothier du gardien noble aux autres usufruitiers (garde noble, Section III, art. II, § 1).

2. — De l'obligation de fournir caution

L'obligation de fournir caution passe du droit romain dans l'ancien droit qui la consacre formellement. Elle comprend les deux termes de la loi 1, D. *Usufructuarius quemadmodum caveat* :

1° *Se boni viri arbitratu usurum fructuarium* ;

2° *Restituturum quod inde extabit.*

Le testateur peut-il dispenser de la caution ?

La négative, impossible en présence du texte de l'article 601, était admissible dans l'ancien droit en se fondant sur les termes de la loi romaine (L. 1, C. *de usu et habit.* L. 7, C. *ut in possess. leg.*). La négative s'appuyait aussi sur cette raison que le cautionnement est introduit en faveur de l'héritier. Raison bien faible, dit Salviat t. I, p. 920, surtout pour les pays sujets aux lois romaines dans lesquels le testateur disposait librement de ses biens, sauf la légitime des enfants. Celui à qui il donnait la propriété sous condition de ne pas exiger de caution devait se trouver fort heureux d'avoir été préféré, et aurait eu bien mauvaise grâce de se refuser à cette condition.

L'affirmative que Salviat soutient ainsi, il la restreint en ce sens que l'exemption du cautionnement ne comprend pas, selon lui, la faculté de lever des capitaux pour l'usufruitier mais qu'il faut à cet effet une décharge de caution spéciale. Et il s'attache d'une façon exagérée à la loi 1 C de *usu et habit.* « *Tamen non aliter a debitoribus solutam pecuniam accipere poteris quam oblata secundum formam senatus consulti cautione. Lapeyrère* let. 11. n° 8 pense au contraire que l'usufruitier peut lever les capitaux après avoir cautionné en se fondant sur cette raison que l'usufruit des dettes actives serait inutile, si l'usufruitier ne pouvait pas les exiger (cf. Mantica *de conjecturis* liv. 9. titre 6. n° 3).

L'affirmative que Salviat soutient, il la restreint encore en ce sens que la dispense de caution n'est pas valable lorsque l'usufruit est établi sur des biens réservés. Et cette doctrine est unanimement suivie dans l'ancien droit. En cas de don mutuel d'usufruit seulement, l'époux disposant ne pouvait pas dispenser son conjoint de fournir caution, quoique de droit commun, on considérait en pays coutumier que cette dispense était possible ; car ce serait là, dit David (T. II p. 559), un moyen indirect *d'entamer la propriété*.

Nous avons, dit *Ricard* (Don mutuel 207), sur ce sujet un arrêt intervenu en l'audience de la grand'chambre le mardi 2 mars 1650 de relevée par lequel il a été jugé en la coutume de Paris qu'en matière de donations mutuelles faites entre deux personnes mariées, la caution désirée par l'article 280 de cette coutume, pour jouir par le survivant de l'effet de la donation, n'avait pu être remise par les donateurs, ni même par l'un des héritiers présomptifs du prédécédé, au préjudice des autres.

Nous nous proposons en présence de l'article 601 du Code civil de n'admettre aucune de ces deux restrictions.

En rejetant la première nous nous trouverons avec l'unanimité des interprètes.

Mais en rejetant la seconde nous nous trouverons en contradiction avec des interprètes autorisés qui s'inspirent principalement des décisions de l'ancien droit pour soutenir que la dispense de la caution n'est pas valable lorsque l'usufruit porte sur des biens réservés.

Le retard de donner caution prive-t-il l'usufruitier des fruits ?

Le droit romain résolvait affirmativement la question ; car privant l'usufruitier de la possibilité de se faire remettre la chose, il le privait par là même des fruits qu'il n'acquérait qu'autant qu'il les percevait lui-même (L. 13, § 1, D. d. Usuf.)

L'ancien droit consacre le droit romain et Pothier dans sa note 6 sur l'article 218, Orléans, dit formellement que la douairière n'avait droit aux fruits des héritages sujets au douaire que du jour où elle avait fait au greffe son acte de caution juratoire de jouir en bon père de famille, en affirmant qu'elle n'en pouvait donner d'autre.

Rappelons que Pothier donnait la décision contraire pour le gardien noble qui n'avait pas fait d'inventaire.

Le Code dans l'article 604, a abrogé le système du droit romain et de l'ancien droit. Le retard de donner caution ne prive pas l'usufruitier des fruits.

L'ancien droit admettait que le cautionnement devait être réel et fidéjussoire.

Cependant pour le douaire de la femme, la coutume de Paris se contente de la caution juratoire de la douairière, et n'exige point d'elle qu'elle donne aucun fidéjusseur tant qu'elle demeure en viduité (264).

La coutume d'Orléans de même, mais à la charge par la femme d'affirmer qu'elle n'en peut donner d'autre.

La coutume de Nivernais, Titre 24, article 11, fait une distinction. Elle se contente de la caution juratoire, lorsque le douaire consiste dans un usufruit d'héritage; elle exige la caution fidéjussoire lorsque le douaire consiste dans l'usufruit d'une somme d'argent ou de choses mobilières.

Les coutumes d'Auxerre et de Châteauneuf exigeaient en tous cas une caution fidéjussoire. En cas de mutisme des coutumes, l'article 264 de la coutume de Paris formait le droit commun, suivant l'opinion de Pothier (Douaire, 225).

Si l'usufruitier ne peut fournir une caution, la jouissance des héritages doit être séquestrée entre les mains d'un séquestre qui doit compter tous les ans à l'usufruitier des revenus, déduction faite des charges et des frais de séquestre. C'est l'application de la loi 7, D. VII, IX. Ce sera une des mesures consacrées par l'article 602. D'ailleurs le placement des sommes comprises dans l'usufruit, la conversion en argent des choses qui se consomment par l'usage, étaient aussi bien de règle dans l'ancien droit que dans le droit nouveau.

Mais quant aux meubles qui dépérissent peu à peu par l'usage, le nu-propriétaire ne pouvait pas comme maintenant, en vertu de l'art. 603, exiger qu'ils fussent vendus pour le prix en être placé. Serres (Institutions l. v. 3, tit. 4, § 2) dit que l'impossibilité dans laquelle l'usufruitier est de donner une caution ne peut pas être une raison pour le priver de la jouissance à laquelle il a droit, et il cite un arrêt du Parlement de Toulouse du mois de juillet 1720.

Quand l'usufruit comprend des créances ou des rentes, le défaut de caution a pour seul résultat d'autoriser le propriétaire à s'opposer à ce que les débiteurs remboursent entre les mains de l'usufruitier tant que celui-ci n'aura pas donné caution (cf. arrêt du Parlement de Provence, 17 avril 1779) (Merlin, *usufruit*, p. 38).

OBLIGATIONS DE L'USUFRUITIER PENDANT SA JOUISSANCE

Les obligations de l'usufruitier pendant sa jouissance dans tout ce qui concerne l'entretien, la non détérioration de la chose, le non changement de destination, la culture sont généralement réglées par le droit romain.

Signalons les questions qui dans l'ancien droit par leur originalité méritent notre attention.

DES FAUTES.

La classification des fautes en trois espèces ou degrès, *lata*, *levis*, *levissima*, est en vigueur et la doctrine des anciens jurisconsultes est que l'usufruitier doit répondre sans distinction de ces trois sortes de fautes.

Comme le droit d'usufruit, dit Dumoulin (cout. de Paris. tit. 1, § 1, gloss. 8, n° 61), est établi pour l'avantage de l'usufruitier, il est juste de le rendre responsable de l'effet de ses fautes les plus légères : *quia ususfructus in totum est gratia solius fructuarii, qui ideo tenetur de omni culpa etiam levissima, etiam in omittendo*. Voët (*ad Pandectas*, tit. *de usuf*. n° 41) dit aussi : « *Ceterum in rebus fructuariis asservandis patris familias diligentis, imo diligentissimi, partes fructuarius implere debet, cum omnem videatur suscepisse curam rei* (cf. Sotomayor. *Tractat. de usuf*. cap. 20, n° 4).

Cette doctrine ancienne sera encore dans notre droit actuel soutenue par certains auteurs, par Proudhon notamment, qui n'admet pas que le Code ait abrogé l'ancienne classification des fautes.

DES RÉPARATIONS.

Le principe de l'ancien droit est le même que celui du droit romain, le même que celui du droit actuel. Les grosses réparations ne sont pas à la charge de l'usufruitier, les réparations d'entretien sont à sa charge. Mais nous saisirons quelques divergences dans la mise en œuvre du principe, de plus il sera intéressant d'exposer les opinions de quelques anciens jurisconsultes dans des controverses dont plusieurs divisent encore aujourd'hui les interprètes du Code.

Le principe est posé très nettement. Les raisons de la distinction données par les anciens auteurs.

La raison de mettre les réparations d'entretien à la charge de l'usufruitier est tirée dn droit romain l. 7, § 2, D. VII, I. « *Quoniam omnis fructus rei ad eum pertinet.* On dit aussi qu'elles n'excèdent généralement pas la durée de la vie d'un homme.

La raison de laisser les grosses réparations à la charge du nu-propriétaire est, dit Boucheul (coutume de Poitou. art. 261, § 29) « qu'elles sont faites pour l'utilité perpétuelle de la chose : *Concernunt perpetuam utilitatem, vel excedunt vitam renices homines*, comme parle M. Charles du Malin en son apostille sur l'article 58 de la coutume de Vermandois.

Les réparations locatives rentrent évidemment dans les réparations d'entretien et sont à la charge de l'usufruitier.

Quelles seront les grosses réparations ? Quelles seront les réparations d'entretien ?

Les textes romains nous disent que ce sera une question de fait de savoir s'il y a grosse réparation ou réparation d'entretien. Le droit romain posait le principe que l'usufruitier est tenu de faire certaines réparations *quoniam omnis fructus rei ad eum pertinet* ; mais il n'en déterminait pas le caractère; *modica refectio ad eum pertinet*, disait seulement la loi 7 § 2 D. *de usufructu* : c'était le juge qui appréciait suivant les cas si la réparation devait ou ne devait pas être mise à la charge de l'usufruitier.

Notre ancienne jurisprudence française a sur ce point plus de précision, et l'article 262 de la coutume de Paris renferme la disposition suivante : « La femme qui prend la douaire coutumier est tenue d'entretenir les héritages des réparations viagères qui sont toutes réparations d'entretènement, hors les quatre gros murs, poutres et entières couvertures et voûtes. »

L'article 262 de la coutume de Paris n'a trait, on le voit, qu'a ces héritages bâtis. C'est l'origine de l'article 606 du Code qui ajoute après l'énumération limitative des grosses réparations: « Toutes les autres réparations sont d'entretien. »

L'article 262 (coutume de Paris) parle des *quatre gros murs* seulemént. Il ne faut pas entendre seulement les quatre murs du périmètre qui forment l'enceinte du bâtiment. La jurisprudeuce étendait cette disposition à tous les gros murs, c'est-à-dire, même aux murs de refend qui s'élèvent à partir du sol jusqu'au sommet de l'édifice et qui supportent les poutres, les charpentes, et les cheminées (Desgodets, p. 488).

Goupy dans la note C dit que l'intention de la coutume a bien été telle puisque la coutume a mis au nombre des grosses réparations les voûtes et les poutres, les voûtes formant différentes caves et portant sur des murs de refend; de même les poutres portant non-seulement sur les murs mitoyens, mais aussi sur les murs et cloisons de refend (cf. de Ferrière 262 Paris).

Toutes les autres réparations seront d'entretènement, comme dit l'article 262 de la coutume de Paris, et seront à la charge de l'usufruitier.

Il serait à souhaiter, dit Ferrière, que la coutume se fût expliquée plus en détail sur les entretiens et réparations des héritages qui tombent en usufruit : elle s'est si peu étendue, que chacun se croit en droit d'y ajouter, en interprétant sa disposition ; ce qui produit des difficultés continuelles entre les propriétaires et les usufruitiers, et entre les experts qu'ils choisissent pour arbitres.

C'est ainsi qu'on se demandera s'il faut étendre le mot *entières* s'appliquant aux couvertures, aux poutres, aux gros murs, et aux voûtes.

Et encore si la plus petite réparation à faire à un gros mur ou à une voûte est une grosse réparation ou bien s'il faut qu'il y ait construction entière. Pothier émet une idée intermédiaire sur ce débat qui nous paraît être le véritable principe qui nous guidera dans l'interprétation de l'article 606.

Les grosses réparations, dit-il (communauté 272), sont plutôt reconstructions que réparations. Toutes les fois qu'il y aura lieu de reconstruire à neuf, en entier ou en partie, ce sera là une grosse réparation.

La substitution d'une poutre neuve à la place d'une qui était pourrie, constitue une grosse réparation (Pothier, communauté 272).

Les poutrelles suivent les poutres et sont au rang des grosses ; les solives et traverses sont viagères (Benucher, notes sur Davot, t. II, liv. II, tit. XV, § 1, p. 564).

Bannelier paraît enseigner que le rétablissement entier d'une partie de la couverture constitue une grosse réparation : « L'usufruitier, dit-il, doit réparer les parties de couvertures endommagée par la grêle, par la chute des cheminées, fallût-il des lattes neuves ;... mais il ne doit pas un pan entier de couverture.

Parmi les réparations d'entretien les anciens auteurs citent le curage des puits et la vidange des aisances, la remise de gouttières neuves au lieu de celles qui sont vieilles et corrompues (Ferrière, 262, Paris)s le rétablissement partiel d'une couverture, lorsqu'il n'y a qu'une brèche à réparer, le rétablissement des plâtres, des faîtages, des portes et fenêtres (Goupy sur Desgodets) le curage des fossés qui environnent les terres, les réparations qui sont à faire à la chaussée ou à la bonde d'un étang, l'entretien d'une digue (Pothier, Douaire 237).

Pothier, comme on le voit, ne considère pas toute réparation à d'autres héritages que des bâtiments comme des réparations d'entretien.

De même les anciens auteurs considéreront comme grosses réparations des réparations faites à des propriétés autres que des héritages bâtis ou non bâtis, s'il y a là de grosses matières, de gros ouvrages faits *ad perpetuam rei utilitatem.*

C'est ainsi que d'Argentré sur l'article 442 de l'ancienne coutume de Bretagne dit sur la ferme des moulins : « *In molendinis hæc usufructuarii cura et impensa ut tecta sint et clausa, tornatilia et volubilia recte habeant, quæ refectio inter modicas ponitur.* » A l'usufruitier donc la réfection des dents des roues. Mais il ajoute : *Molam quidem vetustate excesam non reponet, nisi quiddam de eo convenerit.* » Ce n'est point à lui à rétablir la meule.

Un arrêt du 18 avril 1711 a jugé en suivant la doctrine de d'Argentré conformément aux conclusions de l'avocat général Lamoignon.

Mais la question était controversée ; elle l'est encore aujourd'hui.

On opposait alors l'article 146 de la coutume de Péronne au commentaire de d'Argentré. Cet article portait que la douairière est tenue de contribuer, pour la portion de son douaire, aux réparations des moulins, rayères et cliers, pressoirs, engins et harnais, mouvans et travaillans...., et n'est tenue de contribuer aux gros et nouveaux ouvrages.

Et l'on répondait que la meule est certainement un gros ouvrage. Souvent les meules des moulins sont plus chères que le reste du corps du moulin.

Quelles étaient les opinions émises dans l'ancien droit au sujet des questions que soulève cette matière des réparations?

L'usufruitier n'est pas tenu des réparations d'entretien dont la cause est antérieure à l'ouverture de son droit. Pothier dit en parlant de la douairière (Douaire 239). « Elle n'est pas tenue de celles qui étaient déjà à faire lors de la mort de son mari, dès avant que son usufruit ait commencé. »

Mais si l'usufruitier a fait ces réparations a-t-il une action en répétition à exercer contre le nu-propriétaire ?

Voici la doctrine de Pothier sur le donataire mutuel (donations entre mari et femme 241).

A l'égard de celles qui étaient déjà à faire avant que le donataire mutuel fût entré en jouissance, il en fait seulement l'avance; sauf à retenir sur les biens compris au don mutuel, lors de la restitution qui s'en fera après l'expiration de l'usufruit du donataire mutuel, la somme qu'il aura avancée pour les faire. »

La doctrine de Pothier ne serait pas admissible aujourd'hui en présence de l'article 599 qui refuse à l'usufruitier toute action en indemnité, même pour des améliorations. Donc *a fortiori* s'il s'est soumis volontairement à cette charge qui ne lui était pas imposée, c'est qu'il a voulu en faire sa dette propre.

L'usufruitier peut-il forcer le propriétaire à faire les réparations d'entretien dont la cause est antérieure à l'ouverture de l'usufruit? Non. L'usufruit est un droit de servitude; or il est de la nature de tous les droits de servitude que le propriétaire de l'héritage qui en est chargé, n'est pas tenu de faire jouir (cf. l. 15 § 1 D. *de servitut.*) (l. 65 § 1 D. *de usuf.*).

Si Pothier admettait que la douairière pouvait obliger l'héritier du mari a faire de telles réparations, ce n'est plus d'après les principes de l'usufruit, qu'il le décide : l'action de la douairière naît de l'obligation personnelle que son mari a contractée envers elle en l'épousant, de lui laisser après sa mort et de lui laisser en bon état l'usufruit des héritages que les coutumes ou la convention du mariage lui assignent pour son douaire (Douaire, 239).

Tandis que dans l'espèce visée par la l. 65, § 1, de usuf., il s'agit d'un legs d'usufruit où le testateur ne contracte aucune obligation envers ceux à qui il fait des legs.

Mais l'usufruitier est tenu des réparations dont la cause est postérieure à l'ouverture de son droit.

Le nu-propriétaire peut-il forcer l'usufruitier à les faire ?

Oui. Tel est le principe du droit romain (L. 7, §§ 2 et 3 et l. 64, D. VII, I) (L. 1, §§ 3 et 6, D. VII, IX). Telle est la solution de l'ancien droit.

Le propriétaire, dit Bannelier sur Davot, peut obliger l'usufruitier, pendant la durée de l'usufruit à faire les réparations qui sont à sa charge, *sans attendre que l'usufruit soit fini*, parce qu'il doit entretenir (T. II, p. 565) (cf. Ferrières, 263, Paris, Bourjon, T. I, p. 731).

Tel sera également le principe du droit nouveau, qu'un arrêt d'une Cour a essayé pourtant de battre en brèche (Amiens, 1er juin 1822). L'usufruitier peut-il se décharger des réparations d'entretien en abandonnant l'usufruit ?

On distingue les réparations occasionnées par la faute de l'usufruitier, et celles qui n'ont pour cause que le fait même de la jouissance ou un accident fortuit.

Sur les premières la question ne se pose même pas. L'usufruitier ne peut s'en décharger par l'abandon.

Sur les secondes Pothier admet la décharge par l'abandon de l'usufruit non seulement dans l'avenir mais encore dans le passé c'est-à-dire qu'il doit compte des fruits qu'il a perçus, les réparations qui se trouvent à faire en étant des charges (Douaire 237).

Nous avons en droit romain montré que ce système de l'abandon rétroactif des fruits ne nous semblait pas pouvoir être tiré des textes ; que bien au contraire la loi 64, D. VII, 1, y contredisait.

Mais le système de Pothier sera repris avec vigueur par Proudhon dans le droit nouveau (t. 5, n° 2191).

Cette décharge des réparations d'entretien pour le passé même avec l'abandon rétroactif des fruits a été l'objet de vives critiques et même contestée par Loiseau (du déguerpissement, liv. V, t. IV, n° 2 et suiv.). Loiseau argumente de la loy fort célèbre 46, D. *de usuf.* « Et de fait, dit-il, il n'y a aucun des interprètes qui ne collige de cette loi, que l'usufruitier s'exempte de réparer les démolitions survenues de son temps, en quittant et délaissant son usufruict. »

Ce système sera combattu aussi dans le droit nouveau par Bugnet sur Pothier. T. VI, p. 414, par Marcadé, article 605, n° 3, par Demolombe. L. n° 578.

Nous avons vu que le nu-propriétaire peut forcer l'usufruitier à faire les réparations d'entretien.

De son côté, l'usufruitier peut-il forcer le nu-propriétaire à faire les grosses réparations ?

Dans le droit romain c'était un principe généralement reconnu que l'usufruitier n'avait pas d'action contre le nu-propriétaire pour le forcer à faire les grosses réparations (cf. l. 65, § 1, D. VII, I).

De même dans l'ancien droit. Cependant des auteurs soutenaient l'affirmative à propos d'un certain type d'usufruitier, la douairière. Pothier (Douaire 246) décide que la douairière peut obliger l'héritier du mari à faire les grosses réparations comme nous l'avons vu tout à l'heure décider qu'elle pouvait obliger l'héritier du mari à faire les réparations dont la cause était antérieure à l'ouverture de son droit d'usufruit. Mais il se fonde toujours sur cette raison étrangère aux principes de l'usufruit que le mari avait contracté envers sa femme une obligation personnelle à laquelle a succédé son héritier : obligation de lui laisser après sa mort sous certaines charges la jouissance des héritages qui doivent composer le douaire. Or il ne doit pas être permis à l'héritier du mari ou autre propriétaire desdits héritages de contrevenir par des voies indirectes à cette obligation en imposant indirectement à la douairière d'autres charges que celles dont elle est tenue. Pothier semble reconnaître même que pour les autres usufruitiers le raisonnement contraire s'impose en vertu du principe que le nu-propriétaire n'est pas forcé de faire jouir. Cependant il ne paraît pas très ferme dans cette opinion puisqu'il persiste dans son système de l'affirmative au sujet du donataire.

« Je pense, dit-il (donations entre mari et femme, 239), que le donataire mutuel est bien fondé à prétendre contre l'héritier du prédécédé propriétaire de la maison, qu'il est tenu de faire ces réparations, si mieux il n'aime abandonner sa nue-propriété. » Et voici la raison qu'il invoque ici. « Si on n'obligeait pas l'héritier du prédécédé à faire ces réparations, ce serait lui laisser une voie indirecte d'augmenter les charges du donataire mutuel, et de lui imposer la charge de l'avance des grosses réparations, charge qui ne lui a point été imposée par la donation qui lui a été faite. »

Pothier, en résumé, s'il admet le principe de la négative pour les usufruitiers ordinaires, abandonne ce principe pour des raisons particulières lorsqu'il s'agit d'une douairière ou d'un donataire mutuel.

Lebrun (successions, Lib. II, Ch. V, Sect. I, dist. 2, n° 42), dit aussi, mais toujours à propos du type de la douairière, que les héritiers sont *obligés* de refaire les quatre gros murs, etc., et Boucheul sur l'article 261 de la coutume de Poitou, dit que si les héritiers du mari peuvent être contraints de refaire les biens qui ont besoin de grosses réparations pendant le cours du douaire, c'est pour la raison générale que le nu-propriétaire est tenu de ces grosses réparations.

Denisart (Douaire, 47), exprime un certain doute, mais il est plutôt partisan de l'affirmative. Il trouve très plausible pour obliger les héritiers du mari à faire les réparations d'entretien dont la cause est antérieure à l'ouverture du droit, l'idée invoquée d'une obligation personnelle du mari de ne pas détériorer pour ne pas diminuer le douaire. Mais il trouve avec raison que pour les grosses réparations, il y a plus de difficulté à invoquer cette idée.

L'opinion générale était le négative. L'usufruitier ne peut forcer le nu-propriétaire à faire les grosses réparations.

« Sçavoir, dit Duplessis au sujet des réparations qu'il appelle de rétablissement, si celles-là étant arrivées durant la jouissance du douaire, par vieillesse ou force majeure, l'héritier du mari est tenu de les rétablir pour faire jouir la veuve de son douaire et si elle en a action contre lui. » Tournet rapporte un arrêt du 31 mars 1553, par lequel il dit la négative avoir été jugée : parce que c'est une perte commune, qui tombe également sur l'usufruit et sur la propriété, ce premier étant constamment une portion distraite de la première.

Mais la question est plus douteuse, sçavoir, si ces réparations étant arrivées du vivant de son mari, l'héritier est tenu de les rétablir à l'ouverture du douaire, pour le fournir entier à la femme, car elles sont d'un temps où il n'en a rien pu tomber sur elle, et le douaire est une pure dette, ayant son principe dans le contrat de mariage, et non point un simple titre lucratif.

J'inclinerais fort pour la négative, quoique je reconnaisse que la décision en est ambigüe (Douaire ch. III, sec. IV).

Prévot de la Jaunès (Douaire, nº 400) fonde la négative sur la (l. 4. D. *de emp. in rei, dot. fact.*). Nous avons vu qu'on avait voulu tirer de cette loi que l'usufruitier était tenu des grosses réparations, Prévôt de la Jaunès en tire cette conclusion beaucoup plus raisonnable et beaucoup plus conforme aux principes romains que le nu-propriétaire n'en est pas tenu.

Bourjon (Droit commun, Douaire. 64) est du même avis et il donne alors à la veuve le moyen à suivre pour empêcher que le fonds de son douaire ne lui soit infructueux ; c'est d'emprunter à constitution deniers suffisants pour faire la grosse réparation, et en payer les arrérages tant qu'elle jouit : ce qui conserve son droit ainsi que celui des propriétaires qui sont tenus des fonds de la rente, comme elle est tenue des arrérages.

Mais s'il subsistait quelques divergences relativement à la douairière, il y avait presque unanimité pour décider que l'usufruitier ordinaire n'a pas d'action contre le nu-propriétaire pour le contraindre à faire les grosses réparations.

Cependant une distinction s'était produite sans aucune base sérieuse, du reste, qui plaçait d'un côté l'usufruit à titre onéreux, de l'autre l'usufruit à titre gratuit.

Il n'y a que l'usufruitier à titre onéreux qui ait action contre le propriétaire au sujet des grosses réparations qui surviennent à faire pendant la durée de l'usufruit. Il a cette action, parce qu'elle est alors fondée sur le contrat de vente d'où il naît une garantie, en vertu de laquelle il peut obliger le propriétaire à faire les grosses réparations. On excepte le cas où la chose a péri en plein, par pur cas fortuit, *non vitio rei, non œdificiorum œtatibus*.

L'usufruitier à titre gratuit n'a pas cette action ; en effet il doit jouir de la chose dans l'état où elle est et dans l'état dans lequel elle peut se trouver dans la suite ; ce caractère de son titre lucratif exclut toute action de sa part (cf. Bourjon. Usufruit. Ch. IV.) Bannelier sur Davot (T. II, Liv. II, T. XV, § 1,) n°s 8 et 9.

La base de cette distinction n'est pas sérieuse, avons-nous dit. Et en effet la garantie qui naît de la constitution d'usufruit à titre onéreux ne s'applique qu'à l'existence du droit transmis et non à l'état matériel de la chose qui au contraire doit être délivrée seulement dans l'état où elle se trouve au moment du contrat.

La controverse de l'ancien droit sur cette grosse question est aujourd'hui plus vive que jamais. L'article 605 en effet en disant que les grosses réparations demeurent à la charge du propriétaire, n'indique pas suffisamment s'il entend en charger le propriétaire ou seulement en décharger l'usufruitier.

L'usufruitier n'est pas tenu de faire les grosses réparations, mais il en a la faculté.

En tout cas il est tenu d'avertir le propriétaire des accidents ou dégradations qui nécessiteront une grosse réparation afin qu'il puisse en réparant promptement empêcher des dépérissements plus considérables (cf. Dumoulin. Coutume de Paris t. 1, § 1. glos. n° 70).

S'il a fait la grosse réparation a-t-il droit à une indemnité et s'il y a droit, à quelle indemnité?

Nous avons vu qu'en droit romain des auteurs lui accordaient un recours sans distinction, d'autres seulement suivant les principes de la gestion d'affaires (cf. l. 7, C. *de usufructu*).

L'ancien droit n'hésite pas non plus à reconnaître à l'usufruitier qui a fait une grosse réparation le droit de recourir contre le propriétaire. D'après les principes de la gestion d'affaires c'est-à-dire autant que cette réparation aura été utile au propriétaire quelle sera l'indemnité à réclamer? Le montant de la dépense, ou la plus-value à la cessation de l'usufruit? *La plus-value*, dit Bourjon (usufruit ch. IV, § 5). « Cette répétition ne s'étend pas à ce qu'il a dépensé, mais à ce que valent les réparations au temps de la cessation de l'usufruit. »

La dépense, dit Pothier (Douaire 276). « Il ne peut aussi être douteux, que, lorsque la douairière a fait elle-même de grosses réparations nécessaires, qui ne proviennent pas de sa faute, ni de défaut d'entretien, le propriétaire de l'héritage doit rembourser à la douairière ou à ses héritiers ce qu'elles ont coûté ou dû coûter.

La question est encore aujourd'hui controversée. Il y a même aujourd'hui un système qui refuse à l'usufruitier toute répétition, se fondant sur l'article 599 qui la lui refuse pour les améliorations.

Si le propriétaire a fait une grosse réparation, peut-il faire contribuer l'usufruitier à la dépense?

Pothier (Donations entre mari et femme) professe avec raison la négative et elle est encore aujourd'hui conforme aux principes du Code.

L'affirmative du temps de Pothier invoquait les arguments suivants.

Le propriétaire tout en faisant sa propre affaire a fait aussi celle de l'usufruitier. *Qui sentit commodum debet sentire onus.*

Mais Pothier répondait avec raison que le système de l'affirmative conduisait à faire subir à l'usufruitier d'autres charges que celles desquelles il est tenu ; or, il n'est tenu que des réparations viagères (Donations entre mari et femme, 239).

Pothier décide même que le propriétaire ne pourrait rien demander à l'usufruitier seulement jusqu'à concurrence « de ce que les réparations augmentent sa jouissance. »

DES CHARGES DES FRUITS

L'usufruitier doit les charges annuelles et ordinaires telles que sont les arréages de cens, de rentes foncières, les transports, la dîme ; il doit aussi les charges extraordinaires, telles que les tailles d'église, les tailles pour la réfection des parcs, du puits ou de la fontaine d'un quartier, les dixièmes, les vingtièmes, et autres impositions de pareille nature.

Le droit de franc fief sera à la charge de l'usufruitier, ce droit étant dû pour la jouissance (Bacquet. Arrêt du conseil, 13 avril 1751, art. 20).

L'article 40, *Paris*, porte que la femme douairière n'est tenue pour son douaire faire la foi et hommage, ne payer aucun relief ni profit ; mais est tenu l'héritier l'en acquitter, et payer le profit, s'il est dû de son chef.

En effet, appuie Pothier, ce n'est pas à des usufruitiers, ce n'est qu'au propriétaire que s'accorde par la réception en foi, l'investiture du fief, et ce n'est qu'à la charge du rachat que le seigneur est tenu d'accorder l'investiture au propriétaire.

Si le nu-propriétaire négligeait de porter la foi, le seigneur saisissant féodalement ne serait pas tenu de laisser jouir l'usufruitier n'étant pas tenu des charges imposées sur le fief qu'il met en sa main.

Il en sera ainsi à chaque mutation survenant pendant tout le temps que durera l'usufruit par cette raison que le rachat étant dû originairement pour le prix de l'investiture et du consentement que le seigneur est tenu de donner à la mutation, c'est celui en qui se fait cette mutation qui doit en être tenu.

Tel était l'avis de la plupart des commentateurs de la coutume de Paris, cependant Dumoulin charge l'usufruitier du rachat, sauf en deux cas : le premier, lorsque la mutation arrive par une aliénation volontaire du fief, le propriétaire ne devant pas par son fait diminuer l'usufruit et charger l'usufruitier d'un profit. Le second cas d'exception est lorsque l'usufruit a été laissé pour aliments, tel qu'est présumé celui d'une douairière. D'Argentré charge aussi l'usufruitier du rachat, sauf lorsqu'il est usufruitier à titre onéreux.

La douairière dans la coutume d'Orléans e ndevait pas, suivant Pothier, la rélévoison à plaisir profit consistant dans le revenu d'une année de la maison. Mais ceci est trop spécial à la matière du douaire pour que nous insistions.

En principe donc l'usufruitier doit toutes les charges foncières, excepté celles que l'on peut ne considérer que comme étant le prix d'une investiture.

Il doit donc les rentes foncières. En effet les rentes foncières étaient alors une dette du fonds lui-même ; il était alors tout simple que l'usufruitier, même particulier, fût tenu d'en payer les arrérages, comme il était tenu de payer toutes les autres charges annuelles qui affectent la jouissance.

L'article 530 du code a mobilisé les rentes fonci ères et les a transformées en pures obligations personnelles. La solution contraire s'imposera donc dans le droit nouveau. Cependant le système de l'ancien droit est soutenu encore par Prondhon (T. IV. 1834, S.) qui nie la portée absolue qu'on voudrait attribuer à l'article 530.

L'usufruitier est-il tenu des charges annuelles *ultra vires emolumenti* ?

Quelques auteurs paraissent avoir fait, à cet égard, dans l'ancien droit, la distinction suivante :

L'usufruitier était tenu *ultra vires emolumenti*, de toutes les prestations annuelles autres que celles qui avaient été léguées par le constituant, c'est-à-dire des impôts, des frais de garde, des intérêts et arrérages des dettes et des rentes qui étaient à la charge du constituant lui-même de son vivant.

Mais quant aux pensions viagères et autres prestations annuelles, que le testateur pouvait avoir léguées à d'autres personnes, l'usufruitier n'était tenu de les acquitter que jusqu'à concurrence des revenus des biens dont il avait la jouissance : *si modo id quod ex usufructu receptum esset, ei rei prœstande sufficeret* (220 § 2. D. *de alimiles.*

Sotomayor (*de usuf.*, C. LVIII, n° 13) dit : « *Ut procedere debeat* (l'usufruitier) *quando usufructus ferre potest illud onus* ; *alias enim, si remaneret inutilis, legatum annuum solveretur, sicut simplex ab herede, non ab usufructuario.*

Il s'inspire d'ailleurs des principes du droit romain : *Quia placet non plus posse rogari restiture, quam quantum a relictum est* (L. 114, § 3, *ff. de legat.* 1°) (A. Proudhon, t. IV, n° 1824-1825) (L. Gallus. *tract. de fructibus*, disp. 39, art. 1, n° 30).

RÉGLEMENT DES DETTES

Comment l'ancien droit réglait-il la contribution aux dettes de l'usufruitier et du nu-propriétaire? Comment déterminait-il le prorata de l'émolument de l'usufruitier? De nombreuses dissidences s'agitaient à ce snjet, le principe généralement admis est qu'il fallait estimer l'usufruit, et non pas les biens soumis à l'usufrnit. Seul d'Argentré proposait de vendre les biens jusqu'à concurrence des dettes pour ne laisser à l'usufruitier que la jouissance du restant.

On comptait au moins quatre opinions en dehors de celle de d'Argentré.

Une opinion prétendait que le propriétaire et l'usufruitier devaient contribuer à proportion de la valeur de la nue-propriété et de la valeur de l'usufruit, à l'instant du décès. Or, une ordonnance de 1441, novembre, article 27 portait : « Si aucuns propriétaires de maisons et possessions des dictes villes et faulxbourgs de Paris, voulaient racheter aucunes rentes perpétuelles dont les dictes maisons ou possessions seraient chargées de viage, la propriété se pourra rachetter pour les deux parts, et le viage pour le tiers, au pris dessusdit, dont le propriétaire aura les deux pars, et le viager le tiers. » Cette opinion prétendait tirer de là que l'usufruit doit toujours être estimé le tiers de la valeur totale du fonds et que la contribution doit être faite sur ce pied.

Lebrun pensait qu'il était plus équitable d'arbitrer que d'estimer l'usufruit au tiers de la propriété. Et il signale deux pratiques. La première prescrite par la l. *computatio* 68, D. *ad. l. falcid.* à l'effet de trouver la part dont celui à qui on a légué des aliments doit contribuer à la falcidie, trente années d'aliments depuis le premier âge jusqu'à vingt ans. Vingt-huit années d'aliments

BIBLIOTHÈQUE NATIONALE R.F. IMPRIMÉS

depuis vingt jusqu'à vingt-cinq. Et la glose dit qu'en matière d'usufruit, depuis le premier âge jusqu'à trente ans on doit estimer l'usufruit, comme s'il devait durer trente années.

La seconde pratique qui est le dernier usage est que quand l'usufruitier est au-dessous de l'âge de trente ans, l'on estime l'usufruit à la moitié de la valeur de la chose dont il a l'usufruit. Depuis trente ans jusqu'à soixante ans au quart (*Successions*, L. 1, ch. V. Sect. III, n° 23).

Une troisième opinion prétendait que le propriétaire devait faire l'avance de la dette : opinion que Lebrun rejette parce que, dit-il, il n'est pas juste d'obliger le propriétaire à l'avance du total, puisque sa jouissance est différée.

Une quatrième (Bourjon, L. 1, p. 929) opinion obligeait l'usufruitier à faire l'avance de la dette, opinion que Lebrun rejette parce qu'il n'est pas juste d'obliger l'usufruitier à l'avance du total puisque sa jouissance n'est que momentanée.

D'Argentré, enfin, propose le système qui a été consacré par notre Code (612), consistant dans la vente des biens jusqu'à concurrence des dettes pour ne laisser à l'usufruitier que la jouissance du restant. Ce système « égale » toujours l'usufruitier et le propriétaire dans la contribution des dettes, comme le reconnaît Lebrun lui-même.

Il écarte l'estimation du droit d'usufruit lui-même, estimation aléatoire, remplie d'incertitude, et dont l'effet, disent les auteurs du Nouveau Denizart, était presque toujours de faire contribuer chaque partie plus ou moins qu'elle ne devait réellement (219, Bretagne glos. 8, n°s 16, 17). « *Fit hoc modo æquabili temperamento ut pro rata onera et usufructuario et hæredi decedant, neutrius iniquo damno ne scilicet aliter faciendo lucrum unius totum sit totum damnum alterius.* »

Au système de d'Argentré, l'article 612, de notre Code, ajoute la faculté, mais non l'obligation, pour l'usufruitier ou pour le propriétaire, d'éviter la vente des biens soumis à l'usufruit, en faisant l'avance des sommes nécessaires au paiement des dettes.

OBLIGATIONS DE L'USUFRUITIER A LA FIN DE L'USUFRUIT.

Les principes généraux de la restitution sont les mêmes qu'en droit romain. Signalons seulement quelques questions originales ou controversées dans l'ancien droit.

Frais de semences et labours. L'article 585 de notre Code porte « qu'il n'y aura lieu à aucune récompense de part et d'autre pour les labours et semences. »

Pas de récompense de l'usufruitier au propriétaire à l'entrée en jouissance.

Pas de récompense du propriétaire à l'usufruitier à la fin de l'usufruit. N'est-ce point là une violation manifeste de cette maxime d'équité : « *Fructus non intelliguntur, nisi deductis impensis.* »

Les jurisconsultes dans notre ancien droit étaient très divisés sur ce point résolu par l'article 585 dans le sens que nous venons d'indiquer afin de prévenir les discussions et les procès.

Renusson (Ch. XIV, n° 40) enseignait que la récompense des frais de labours et de semences était due de part et d'autre et par la douairière à l'héritier du mari lorsqu'elle recueillait les fruits ensemencés par celui-ci, et par l'héritier du mari à l'héritier de la douairière lorsqu'il trouvait lui-même à l'extinction du douaire les fonds ensemencés ; le savant auteur admettait toutefois la faculté de compensation entre ces deux dettes suivant un arrêt du 19 mars 1589 prononcé en robes rouges, rapporté par M. Jacques de Montholon (arrêt 56).

Pothier au contraire fait une distinction. Il dispense de l'obligation de récompense pour frais de labours et de semences l'usufruitier envers le nu-propriétaire, au commencement de l'usufruit ;

mais il imposait cette obligation au nu-propriétaire lors de l'extinction de l'usufruit envers les héritiers de l'usufruitier (ou envers l'usufruitier lui-même, si l'usufruit finissait autrement que par sa mort.

Pas de récompense de l'usufruitier au propriétaire à l'entrée en jouissance parce que les frais faits pour mettre l'héritage en l'état, font partie de ce qui est donné ; d'où l'usufruitier n'en doit pas le remboursement.

Et au contraire, récompense du propriétaire à l'usufruitier à la fin de l'usufruit ; car alors l'usufruitier n'a jamais, en faisant des frais pour faire venir les fruits qui se sont trouvés pendants lors de sa mort, entendu faire une donation au propriétaire (Douaire 272).

Bacquet (droits de justice, ch. XV, n° 58) fait la même distinction. Mais il amende le système de Pothier en ce sens que tout en décidant que l'usufruitier ne doit pas faire raison de ces frais, lorsqu'ils ont été acquittés du vivant du nu-propriétaire, les met néanmoins à la charge de la douairière ou bien du donataire ou du légataire usufruitier s'ils étaient dû, lors dus, décès du mari, ou bien du donateur ou du testateur.

Usufruit de rente viagère.

C'était dans notre ancienne jurisprudence une question fort controversée que celle de savoir quels devaient être les droits de l'usufruitier d'une rente viagère et par conséquent quelle devait être l'étendue de son obligation de restitution.

Notre droit nouveau pose le principe qu'il n'y a pas lieu à restitution.

Dans l'ancien droit au contraire l'opinion générale est qu'il y avait lieu à une restitution. La rente viagère ne semblait pas aux yeux des anciens jurisconsultes avoir un capital distinct des intérêts qu'elle produit puisque ces arrérages qui dépassent letaux légal des intérêts, c'est-à-dire des fruits civils du capital, ne se peuvent acquitter qu'aux dépens du capital lui-même et qu'ils représent par conséquent une partie du fonds et eut de la substance de la chose.

Les uns prétendaient que la rente viagère ne pouvait être l'objet que d'un quasi usufruit et qu'on devait en faire l'estimation eu égard à l'âge et au tempérament du crédi-rentier, de manière à ce que l'usufruitier fût toujours obligé de rendre, à la fin de l'usufruit, le montant de cette estimation.

D'autres obligeaient l'usufruitier à restituer tous les arrérages par lui perçus et ne lui laissaient que les intérêts qu'il avait pu retirer de ces arrérages.

D'autres distinguaient dans les arrérages deux parties ; l'une qui représentait les intérêts du capital, et conséquemment non restituables, l'autre une portion du capital lui-même et conséquemment restituable.

Pothier distinguait suivant que la rente viagère étant sur l'usufruitier ou sur la tête d'un tiers.

Dans le premier cas lorsque par exemple un époux survivant du chef duquel une rente viagère était tombée dans la communauté avait droit, comme donataire de son conjoint prédécédé, à la moitié en usufruit de cette même rente existant sur sa tête, Pothier pensait qu'il y avait lieu d'évaluer cette rente pour la moitié qui en appartenait aux héritiers « étant impossible dans ce cas, disait-il, que le survivant puisse en jouir pendant sa vie, *salva substantia*. Cet usufruit s'éteignait entièrement par sa mort.

Dans le cas contraire où la rente viagère était constituée sur la tête d'un autre que l'usufruitier, Pothier laissait à l'usufruitier tous les arrérages par lui perçus sans aucune obligation de restitution parce qu'alors la rente viagère pouvait durer plus longtemps que la vie de l'usufruitier, et qu'elle était ainsi quelque chose de réel et de séparable de l'usufruit, et qui représentait suffisamment le droit du nu-propriétaire (Donations entre mari et femme (219. 220).

Ces différents systèmes, y compris celui très plausible d'ailleurs de Pothier, nécessitaient une évaluation que les rédacteurs de notre Code ont voulu éviter.

Comment le nu-propriétaire rentre-t-il en possession et en jouissance du bien qui était grevé d'usufruit?

Il y rentre de plein droit suivant les principes du droit romain (Inst. § 4 *de usufructu*).

La jouissance en effet, dit Pothier (douaire 268), n'avait été séparée de la propriété desdits héritages que pour le temps que le droit d'usufruit devait durer. Aucune demande n'est donc nécessaire de la part du nu-propriétaire; une simple sommation aux héritiers de l'usufruitier suffira, s'il y a lieu. On doit donner aux héritiers de l'usufruitier le délai nécessaire pour le délogement, s'il s'agit de l'usufruit d'une maison.

A-t-il droit aux intérêts d'une somme due de plein droit ou seulement à partir d'une demande judiciaire? Pothier décide dans le second sens (Douaire 287).

Lorsque, dit-il, le douaire consistait en une somme d'argent dont la douairière jouissait pour son douaire, l'héritier du mari, à la mort de la douairière, n'a contre les héritiers de la douairière qu'une simple créance pour la restitution de cette somme dont les héritiers ne doivent les intérêts que du jour de la demande judiciaire.

Quels sont les droits et les obligations de l'usufruitier (ou de ses héritiers) relativement aux objets qu'il a placés sur la chose grevée d'usufruit, et aux travaux qu'il y a exécutés?

Aucune indemnité pour les améliorations. Mais suivant Pothier, le propriétaire est obligé de souffrir que les améliorations que la douairière a faites viennent en compensation, jusqu'à due concurrence, avec les dégradations que ce propriétaire prétendrait avoir été faites par la douairière sur le dit héritage ; car un héritage ne peut être censé détérioré que sous la déduction de ce qu'il est amélioré.

Domat et Pothier comprennent expressément les constructions dans les améliorations. Nous exclurons au contraire les constructions nouvelles de la sphère d'application de notre article 599.

Quant aux objets placés sur la chose que l'usufruitier a le droit d'enlever, Pothier va jusqu'à dire que l'usufruitier peut emporter même les choses attachées à fer et à clous, de manière à ce qu'elles eussent été censées faire partie de la maison ; par exemple des chambranles, des parquets, des boiseries, etc... Ces choses placées par un usufruitier ne sont pas, suivant Pothier (1), censées y avoir été placées pour perpétuelle demeure (*Communauté*, 36, Douaire, 270). Ce système trouve, suivant nous, dans notre droit un obstacle insurmontable dans l'article 518 qui considère ces parties constitutives du bâtiment.

Mais Pothier sera inspirateur du droit nouveau lorsqu'il décidera que les meubles meublants peuvent être enlevés (cf. 599-30), et que les objets qui quoique placés par l'usufruitier sont devenus des accessoires de l'immeuble, ne peuvent pas être enlevés, par exemple, « les échalas mis dans les vignes, les fumiers mis dans les terres, un pavé neuf mis dans une chambre en place d'un vieux (Douaire, 271).

Pendant la durée de l'usufruit, l'usufruitier pourrait-il modifier, changer ou détruire les ouvrages, les améliorations ou même les constructions qu'il aurait faites ?

Davot enseigne l'affirmative. « L'usufruitier, dit-il, peut démolir les constructions par lui faites pourvu que son usufruit dure encore,

1. Pothier en accordant ce droit à l'usufruitier, ajoute que le propriétaire du fonds pourrait garder les travaux en offrant d'en rembourser le prix.

et non s'il est fixé, l'usufruit étant quelquefois restreint à son temps fixe (t. II. L. II, tit. X, § 1, n° 10).

Loyseau de même (Du déguerpissement, l. V, ch. V, n° 18), soutient que « l'usufruitier bien qu'il ne puisse changer aucunement la face de l'héritage peut néanmoins pendant que son usufruit dure, démolir les bâtiments par lui faits ; mais après son usufruit expiré il ne pourrait plus le faire, comme n'ayant plus aucun droit ni pouvoir sur la chose (cf. l. 15, D. VII, I). *Sed et si quod inœdificaverit, postea eum neque tollere hoc..... Postea* dit Loyseau, *id est post finitum usufructum*.

D'autres auteurs expliquaient le mot *postea* comme signifiant : « après que les travaux ont été faits » que l'usufruit finisse ou dure encore.

DROIT FRANÇAIS

Nous avons dit qu'en droit romain le titre d'usufruitier ne faisait pas naître d'obligations vis-à-vis du nu-propriétaire : que ces obligations ne pouvaient être que le resultat des promesses facultatives d'abord, rendues ensuite obligatoires par le prévenu. Les législations modernes pour simplifier imposent de plein droit ces obligations à l'usufruitier. Il n'est donc plus besoin qu'il fasse aucune promesse à cet égard. La loi elle-même place l'obligation à côté du droit.

I.

OBLIGATIONS DE L'USUFRUITIER A SON ENTRÉE EN JOUISSANCE.

L'article 600 porte :

L'usufruitier prend les choses dans l'état où elles sont ; mais il ne peut entrer en jouissance qu'après avoir fait dresser en présence du propriétaire, ou lui dûment appelé, un inventaire des meubles et un état des immeubles sujets à l'usufruit.

Donc, obligation de faire inventaire.

Les frais de l'inventaire sont à la charge personnelle de l'usufruitier. Qui est le débiteur de l'obligation ? C'est l'usufruitier. Or l'article 1248 pose nettement le principe : les frais du paiement sont à la charge du débiteur.

Les biens grevés d'usufruit, les biens inventoriés ne devront donc pas être affectés aux frais de l'inventaire. Quand la loi veut qu'il en sott ainsi, elle le dit expressément. Entre autres exemples, elle met catégoriquement dans l'article 126 les frais de la procédure de l'envoi provisoire à prendre sur les biens de l'absent.

La nécessité de l'inventaire est trop évidente pour que nous cherchions à la démontrer. Si le droit romain ne faisait qu'en conseiller la rédaction, il semble que dans l'usage l'inventaire était très pratiqué et dans notre ancien droit il était devenu usuel. Par l'inventaire on élucidera deux points : 1° quelles sont les choses ; 2° quel est l'état des choses, points très-importants à préciser en vue de détériorations possibles que l'inventaire rendra manifestes au moment de la restitution.

Le retard de procéder à l'inventaire prive-t-il l'usufruitier des fruits ?

Voici les arguments que produit l'affirmative. Elle s'appuie :

Sur les termes de l'article 600. « L'usufruitier ne peut entrer en jouissance. » Ces termes ne sont-ils pas formels ? Comment interpréter autrement la loi ? Comment dire qu'un individu qui n'est pas entré en jouissance a néanmoins perçu des fruits ?

Pouvons-nous admettre une obligation sans sanction ? Vous devez, dit la loi, faire inventaire avant d'entrer en jouissance. Mais ne faites pas inventaire, vous jouirez tout de même. Le nu-propriétaire n'aurait donc pas de moyen efficace de contraindre l'usufruitier à faire inventaire, si cet inventaire n'était pas une condition *sine qua non* de la jouissance.

Comment d'ailleurs, ajoute-t-on, résister à notre interpretation en présence de l'article 604 relatif à la seconde obligation préliminaire de l'usufruitier : l'obligation de donner caution. « Le retard de donner caution ne prive pas l'usufruitier des fruits auxquels il peut avoir droit : ils lui sont dus du moment où l'usufruit a été ouvert. » L'argument *a contrario* est tout indiqué; l'intention formelle de la loi quand il s'agit d'inventaire, est que l'usufruitier soit privé des fruits par son retard à faire l'inventaire. Et cela se comprend, on peut, sans mauvaise volonté, ne pas trouver une caution ; on ne peut pas sans mauvaise volonté ne pas faire un inventaire. Pourquoi d'ailleurs ne pas vouloir que la loi soit rigoureuse sur ce point, puisque par suite des considérations très importantes, l'ancien conseil donné par la loi romaine, la pure faculté dans l'ancien droit, sont devenus dans notre droit actuel une disposition formelle inscrite non sans réflexion dans la loi ? (Demante II, 445 bis. (Proudhon, t. II, n°s 794-914. — Toulouse, 28 août 1820 et 29 juillet 1829).

Nous repoussons absolument cette doctrine.

Que dit en effet la loi quand elle pose la règle générale du droit de l'usufruitier aux fruits ? Aux articles 585 et 586 elle pose ce principe que l'usufruitier a droit aux fruits au moment où l'usufruit est ouvert. L'article 600 serait en contradiction avec la règle générale; et d'où tire-t-on cette contradiction ? des mots « entrer en jouissance. » Or ne peut-on les expliquer autrement en s'inspirant de la pensée même de la loi ? Que veut la loi en prescrivant l'inventaire ? La constatation du nombre, de l'espèce et de l'état des choses. Elle tient à cette constatation, et elle retarde l'entrée en jouissance jusqu'à ce qu'elle soit faite. Pourquoi ? Pour que l'usufruitier ne fasse rien disparaître, ne transforme, ne détériore rien. Le refus de la perception des fruits correspond-il à cette pensée de la loi ? Nullement, l'usufruitier ne percevra pas les fruits, soit, mais il fera disparaître, il tranformera, il détériorera, car il possédera, s'il ne jouit pas. C'est donc la prise de possession que la loi veut atteindre en refusant l'entrée en jouissance. Jouissance veut dire ici possession.

Et voilà alors une sanction logique de l'obligation de faire inventaire toute trouvée en dehors de la non perception des fruits. Le propriétaire peut refuser de se dessaisir des choses, ou s'opposer à leur remise par un tiers entre les mains de l'usufruitier, tant que celui-ci n'a pas fait inventaire. Il pourrait faire ordonner le sequestre et par suite la retenue des fruits. Mais la retenue serait provisoire ; et le mot « retenue » indique assez que le percepteur est l'usufruitier en vertu de la règle générale posée par les articles 585 ou 586.

L'article 604 dont nos adversaires veulent tirer un argument *a contrario* contre nous, nous le retournons précisément contre eux.

Si la loi dit expressément que le retard de donner caution ne prive pas l'usufruitier des fruits, c'est que la question pour ce cas était controversée. Mais la loi n'avait pas à s'expliquer pour le cas de l'inventaire, n'ayant pas à résoudre une controverse.

L'idée d'ailleurs de la loi, spécialement indiquée pour la caution, on peut très logiquement l'élargir. La loi impose à l'usufruitier certaines obligations ; le retard que l'usufruitier mettra à les accomplir ne lui nuira pas au point de vue de son droit aux fruits. Pourquoi parmi ces obligations ne pas placer celle de l'inventaire : et le retard de l'usufrnitier lui sera-t-il toujours imputable à faute, comme le disent nos adversaires ? Au contraire il se placera toujours un laps de temps nécessaire entre l'ouverture de l'usufruit, et l'inventaire. Quelque court qu'on l'imagine, on ne peut pas dire que pendant ce laps l'usufruitier ne perçoit pas les fruits, et l'idée générale, émise spécialement par la loi pour la caution, s'impose irréfutablement. Le retard de procéder à l'inventaire ne prive pas l'usufruitier des fruits (Demolombe 470. Bordeaux, 2 mai 1876). L'inventaire et l'état doivent être faits « en présence du propriétaire ou lui dûment appelé. »

Quant à la forme de l'inventaire et de l'état, en présence du silence de la loi, il faut s'en tenir aux principes généraux.

Disons que l'usufruitier aura le choix du notaire, ayant le pouvoir de faire tout ce qui est nécessaire pour dresser l'inventaire.

L'inventaire doit-il contenir dans tous les cas l'estimation ?

Proudhon est de cet avis (t. II, n° 789) parce qu'il serait possible que l'usufruitier fût un jour contraint au rapport de la valeur de ceux des biens qu'il ne représenterait pas en nature. »

Mais nous sommes de l'avis qu'on ne doit pas être plus exigeant que la loi. Or l'article 600 n'exige pas l'estimation. Et en effet, l'inventaire constate le nombre, l'état des choses en vue de la restitution et cette constatation suffit à l'assurer dans la pensée de la loi confirmée par ses termes.

Que si dans la volonté du constituant il ressort que les effets mobiliers seront estimés : alors l'estimation devra avoir lieu, màis l'inventaire deviendra alors sans nécessité puisque c'est l'estimation que le propriétaire a en vue pour le recouvrement.

De même dans l'hypothèse de quasi-usufruit, l'estimation sera faite, car c'est la restitution de l'estimation qui est prévue et qui doit être assurée. Mais alors aucune nécessité de faire inventaire.

L'état estimatif de la donation entre vifs de l'usufruit remplacera l'inventaire (948, 950). De même le titre constitutif de la créance ou de la rente sur laquelle l'usufruit est constitué. Il en est de même si l'usufruit porte sur une somme d'argent.

La déchéance de l'article 1442 qui est prononcée contre le survivant des époux communs en biens, qui n'a pas fait l'inventaire des biens de la communauté, lorsqu'il y a des enfants mineurs doit être restreinte à l'espèce et non étendue aux usufruitiers ordinaires n'ayant pas fait inventaire.

Supposons que l'usufruit s'éteigne sans que l'usufruitier ait fait inventaire. Le propriétaire n'ayant pas réclamé. Comment des choses vont-elles se passer ? Nous avons vu que la sanction du défaut d'inventaire pendant la durée de l'usufruit consistait dans la privation de la possession pour l'usufruitier.

A l'extinction de l'usufruit le nu-propriétaire qui a laissé posséder l'usufruitier, sans user de ces moyens, se trouve n'avoir plus, faute d'inventaire, que les moyens de preuve du droit commun.

S'agit-il de meubles, tous les moyens de preuve admis par les lois, seront à sa disposition, s'il n'a pas dépendu de lui que l'inventaire, fût dressé. S'il a dépendu de lui de se procurer un inventaire il ne peut plus recourir à la preuve testimoniale ni aux présomptions. Il lui faut un document écrit, une preuve littérale. Faute de quoi, la délation du serment s'impose.

S'agit-il d'immeubles : on appliquera à l'usufruitier l'article 1731 visant le locataire. « S'il n'a pas été fait d'état des lieux, le preneur est présumé les avoir reçus en bon état de réparations locatives, et doit les rendre tels, sauf la preuve contraire » C'est à l'usufruitier qu'incomberait la preuve contraire.

Telles sont les décisions consacrées par la jurisprudence.

L'usufruitier peut-il être dispensé de faire dresser état ou inventaire ? La question ne peut faire doute qu'en cas d'usufruit légué. L'affirmative était constante dans l'ancienne jurisprudence : « Au mois de février 1762, dit Catellan (liv. II, c. 13), en l'audience de la grand'chambre du Parlement de Toulouse, il fut jugé que le testateur peut décharger le légataire de l'usufruit de tous les biens de faire inventaire », et Serres (Institutions du droit français p. 310) présente ce point de jurisprudence comme incontestable. La question fut élevée au conseil d'État lors de la discussion de l'article 600, et il a été reconnu que le testateur qui pouvant disposer de la propriété de la chose n'en donne que l'usufruit doit avoir à plus orte raison le droit de dispenser son légataire des conditions imposées à sa jouissance, et même d'ordonner que le legs d'usufruit deviendra un legs en toute propriété si ses intentions ne sont point respectées. Il a été ajouté que cette clause était très fréquente dans les testaments (Fenet. t, XI, p. 181). Il importe d'abord de sa-savoir quelle portée donnent à cette dispense les partisans de sa validité.

S'ils veulent dire que le seul effet de la dispense est de décharger l'usufruitier de l'obligation de fournir à ses frais au nu-propriétaire un état ou inventaire, si elle n'ôte pas à ce dernier la faculté, soit de faire dresser lui-même ces actes à ses frais, soit de se procurer une preuve équivalente, contradictoirement avec l'usufruitier, ou lui dûment appelé, nous nous rangeons décidément à leur opinion, soutenus par la grande majorité des arrêts de jurisprudence. C'est la doctrine de Proudhon, n° 801, de Duranton, t. 4, n° 299, de Marcadé, t. 2, p. 538 (Poitiers, 29 avril 1807. — Bastia, 26 février 1840. — Caen, 30 avril 1855).

Contre ce système de la validité de la dispense, en restreignant sa portée comme le fait Proud'hon, deux autres systèmes s'élèvent qu'il nous faut réfuter.

D'abord le système absolu de la nullité de la dispense. La loi, dit-on dans ce système, autorise par l'article 601, la dispense de fournir caution. Elle se tait sur la dispense de faire inventaire. On en conclut qu'elle la prohibe absolument.

L'argument, à notre avis, ne porte pas, par cette raison que la loi quand elle parle de la dispense de fournir caution fait une innovation ; cette dispense n'étant pas permise autrefois. D'où nécessité de s'expliquer clairement puisqu'on fait rentrer une exception dans le droit commum qui est de disposer comme on l'entend. Ce droit commun c'est la liberté. L'innovation de la loi dans le sens de la liberté quand il s'agit de la dispense de fournir caution, ne saurait servir à tirer un argument *a contrario* pour la dispense de faire inventaire. La loi a, il est vrai, transformé l'ancien conseil du droit romain (l. 1, § 4. D. VII, IX) en une véritable obligation imposée à l'usufruitier.

Mais avec la portée que nous accordons à la dispense nous sommes en dehors des considérations d'ordre public qui ont inspiré la loi : le nu-propriétaire s'il veut faire procéder contradictoirement avec l'usufruitier ou lui dûment appelé à l'inventaire, devra le faire à ses frais, tel est le sens que nous attribuons à la dispense de faire inventaire; il y a là non pas une violation d'un prtncipe d'ordre public, mais une exclusion partielle pour le nu-propriétaire de cette protection de son intérêt privé que la loi avait établie à son profit, car cette exclusion, nous le répétons encore une fois, nous en limitons expressément la portée.

Donc aucun argument *a contrario* à tirer de l'article 601. L'article 601 fait rentrer l'obligation de fournir caution dans le droit commun ; l'article 600, dirons-nous, y *laisse* l'obligation de faire inventaire. Sans cela on irait jusqu'à dire que l'usufruitier ne peut être dispensé des charges annuelles, parce que la loi ne le dit pas (cf. l. 52, D. VII, 1). Nous pourrions même argumenter *à fortiori*, la dispense de fournir caution étant évidemment bien plus grave pour le nu-propriétaire, que la dispense de faire inventaire limitée à ses termes : obligation pour le nu-propriétaire de payer les frais de l'inventaire auquel il peut toujours faire procéder contradictoirement à l'usufruitier ou lui dûment appelé.

Un second système regarde la dispense tantôt comme valable, tantôt comme nulle. Valable, en général ; nulle dans le cas où l'usufruit porte sur des biens réservés. Dans ce dernier cas, dit-on, (et le système est fort suivi) cette dispense fournirait à l'usufruier le facile moyen de porter atteinte à la réserve. Il faut pour admettre cela, que l'usufruit légué soit à près l'équivalent de la quotité disponible.

Il nous semble que l'on ne peut admettre un pareil système sans méconnaître le véritable caractère de la dispense de faire inventaire telle que nous l'avons définie : obligation pour le nu-propriétaire de payer les frais de l'inventaire auquel il peut toujours faire procéder. Est-ce par l'effet de cette dispense que l'usufruitier portera atteinte à la réserve? Peut-on dire qu'elle porte en elle-même cette conséquence? Nullement. Et au contraire l'usufruitier n'est aucunement déchargé de restituer, il n'y a toujours qu'une disposition en usufruit. On ne saurait voir par l'effet de la dispense la constitution d'une sorte de *jus abutendi* au profit de l'usufruitier. On ne pourrait voir d'attente à la réserve résultant de la dispense que dans le cas où les frais de l'inventaire imposés au débiteur du legs entameraient la réserve et l'héritier ne devrait être tenu de les supporter qu'autant qu'il n'y aurait pas lieu à la réduction de la réserve (1016).

Donc en résumé, si on limite la dispense de faire inventaire à l'obligation pour le nu-propriétaire de faire procéder à l'inventaire à ses frais, contradictoirement avec l'usufruitier, ou lui dûment appelé, nous sommes partisan de la validité absolue de la dispense rejetant aussi le système radical qui l'invalide dans tous les cas en tirant un argument *a contrario* de l'article 601, et le système qui fait une distinction illogique entre la dispense s'appliquant à un usufruit ordinaire et la dispense s'appliquant à un usufruit constitué sur des biens réservés. Mais tous les partisans de la validité de la dispense n'en restreignent pas la portée comme nous venons de le faire.

Ainsi Toullier dit : « Que les héritiers alors ne pourraient pas obliger l'usufruitier à cet inventaire fait par eux à leurs frais, et dans le but de déterminer les restitutions qu'ils auront le droit de lui demander un jour; qu'ils doivent suivre la foi de l'usufruitier ; qu'ainsi l'a voulu le testateur, qui, à son heure suprême, était libre de faire peser sur eux des libéralités plus larges (T. II, p. 321).

Dans ces termes larges, nous sommes pour la nullité de la dispense.

L'interdiction de faire inventaire portée contre l'héritier serait nulle. Les motifs qu'on pourrait tirer des l. 2 C. *de olim. pupill. præst.* et 2 C. *quando et quib. quarta pars.* nous semblent absolument incapables de lutter contre nos motifs absolus et d'ordre public.

On nous dit : le testateur a voulu épargner à son légataire les ennuis de l'opération, ou bien le testateur a désiré empêcher la divulgation de ses affaires. Respectons ses désirs, respectons ses volontés.

Nous répondrons : Respectons la loi et l'ordre public. Nous avons dit tout à l'heure que la liberté était le droit commun ; mais la liberté dans la loi. Or, l'article 600 veut un inventaire qui oblige l'usufruitier. Que ce soit l'usufruitier qui paie les frais, que ce soit le nu-propriétaire, de par la volonté du testateur, il y aura toujours un document servant de base à la restitution des choses. Il peut dans ces termes y avoir dispense, sans violation de la loi, et sans atteinte à l'ordre public puisque les vues du législateur seront respectées.

Mais qu'il y ait dispense de l'inventaire, suppression du document, anéantissement de l'obligation de l'usufruitier pour respecter des désirs et des volontés plus ou moins respectables, et cela contre la loi (600), contre l'ordre public intéressé à l'inventaire, il est évident qu'on ne peut l'admettre.

Toullier dit, nous venons de le voir, que le testateur à son heure suprême était libre peut-être de faire peser sur eux des libéralités plus larges. Qui peut le plus, peut le moins. Nous répondons, sans faire à cet argument plus d'attention qu'il ne le mérite, que nous envisageons ce que le testateur a fait et non ce qu'il aurait pu faire.

D'ailleurs de deux choses l'une, ou l'héritier est mineur : nécessité de l'inventaire (461), ou l'héritier est majeur : droit à l'inventaire.

Nous sommes donc pour la nullité de la clause de dispense interprétée dans le sens d'une interdiction portée contre l'héritier de faire un inventaire en obligeant l'usufruitier à y prendre part (Proudhon, 801. Duranton, 599. Poitiers. 29 avril 1807. Demolombe, 475).

Toute clause pénale apposée à la défense de faire inventaire serait également nulle, par exemple : si mon héritier procède à l'inventaire, le legs d'usufruit deviendra un legs en toute propriété. Cette clause est atteinte du même vice et de la même nullité que la prohibition elle-même (Toulouse 23 mai 1831).

Peu importe les termes de la dispense pour conclure ou non à sa validité.

L'intention du testateur devra être tirée des circonstances et de l'ensemble des clauses et alors on verra si elle est conforme à la portée restrictive que nous avons donnée de la dispense ; et alors on la respectera, sinon, on réputera la clause non écrite (900).

La clause portant que l'usufruitier devra restituer les immeubles en bon état ne vaut pas à elle seule dispense pour lui d'en faire dresser l'état, il faut l'affirmer en principe. Cependant on pourrait, il nous semble, trouver telle hypothèse d'où l'on pourrait déduire que telle a été l'intention du testateur. C'est une affaire d'appréciation (Poitiers, 20 janvier 1857).

DE L'OBLIGATION DE DONNER CAUTION

L'article 601 porte : « Il donne caution de jouir en bon père de famille, s'il n'en est dispensé par l'acte constitutif de l'usufruit ; cependant, les père et mère ayant l'usufruit légal du bien de leurs enfants, le vendeur ou le donateur sous réserve d'usufruit, ne sont pas tenus de donner caution. »

D'où obligation de donner caution.

2. — *De l'obligation de donner caution.*

L'origine et le but de cette caution nous sont suffisamment connus par notre étude du droit romain et de l'ancien droit. Quand nous avons admis la validité de la dispense d'inventaire, il nous a fallu combattre le système de la nullité absolue et le système mixte de la nullité de la dispense de l'inventaire en cas seulement d'usufruit sur des biens réservés, qui prétend se fonder sur les principes de la réserve.

Ici le premier système ne saurait se produire car la loi parle clairement, elle a voulu abroger la disposition trop sévère du droit romain (L. 7, C. *ret. in poss.* L. 1, C. *de usuf.*) « s'il n'en est dispensé par l'acte constitutif d'usufruit (art. 601). »

Mais le second système qui prétend se fonder sur les principes de la réserve c'est-à-dire sur la loi, peut très bien se produire en présence de la loi elle-même. Et il s'est produit en effet, soutenu même par d'imposants suffrages et de nombreux arrêts de jurisprudence.

(Rouen, 17 février 1844. — Montpellier 19 novembre 1857. — Orléans, 23 février 1860. — Demolombe 493. — Proud'hon, 825. — Duranton, IV, 611. — Boutry, n° 430, *Essai sur l'histoire des donations entre époux*).

Exposons-le et nous essaierons ensuite de le réfuter ; car nous sommes partisan de la validité absolue de la dispense de fournir caution, comme nous sommes partisan de la validité absolue de la dispense de faire inventaire avec la portée restreinte que nous avons attribuée à cette dernière.

Pour la validité de la dispense de la caution on peut invoquer le maxime : Qui peut le plus peut le moins. Qui peut léguer la pleine propriété, doit pouvoir léguer l'usufruit avec dispense de fournir caution. Nous ne nous opposons pas à l'invocation de cette maxime, n'ayant pas ici à lui opposer la loi et des principes d'ordre public ; mais nous nous opposons aux conséquences qu'a prétendu tirer de ces prémisses le système qui défend la nullité de la dispense de fournir caution lorsque l'usufruit est constitué sur des biens réservés.

Qui peut léguer la pleine propriété, disent les partisans du système que nous combattons, *a fortiori* peut léguer l'usufruit avec dispense de fournir caution. Or le testateur ne peut léguer la pleine propriété des biens réservés, donc il ne peut en léguer l'usufruit avec dispense de fournir caution.

Or pour nous ce raisonnement est absolument défectueux. Qui peut le plus peut le moins : nous admettons les prémisses. Mais peut-on en conclure que celui qui ne peut pas le plus, ne peut pas le moins ? Bien au contraire de ce que celui qui peut le plus peut le moins, nous sommes en droit de tirer que celui qui ne peut pas le plus, peut pouvoir le moins. Si vous niez qu'il puisse le moins, il faut l'établir par d'autres arguments.

Sur quels cas d'abord discutons-nous ? sur deux cas.

1° Le cas où un époux laissant des enfants communs donne à son conjoint un quart en propriété, un quart en usufruit.

2° Lorsque laissant pour héritiers des ascendants il donne à son conjoint, outre la propriété de la quotité disponible, l'usufruit de la réserve des ascendants.

Hors de ces cas, les réservataires, d'après l'article 917, doivent ou faire l'abandon de la propriété de la quotité disponible, ou exécuter la disposition d'usufruit mais telle qu'elle se comporte ; c'est-à-dire, avec la dispense de fournir caution, s'il y en a une.

Voici sur les deux cas de l'article 1094 comment nos adversaires raisonnent.

Ils présentent deux arguments.

Un argument historique : dans les coutumes où le don mutuel entre conjoints n'était permis qu'en usufruit, l'époux donataire ne pouvait être dispensé de fournir caution.

Nous répondons que la loi actuelle s'exprimant par l'article 601 est générale est formelle « s'il n'en est dispensé par l'acte constitutif d'usufruit. »

Un argument de fait : la dispense de fournir caution peut anéantir la réserve, puisque l'héritier peut devenir insolvable.

Nous répondons que, si l'usufruitier abuse, le nu-propriétaire peut le faire condamner à lui donner des garanties, ou faire prononcer sa déchéance (618). Que d'ailleurs l'usufruitier sera toujours tenu de réparer. Le droit des réservataires, comme le dit excellemment Demante (II, 442 bis), sera moins protégé, mais il ne sera pas diminué. Peut-on d'ailleurs, en vue d'éventualités peut-être rares, écarter l'application de principes certains? Et d'ailleurs quel usufruitier exclurait-on de la dispense de fournir caution? L'époux, lui-même dont la qualité offre déjà une solide garantie. Peut-on d'ailleurs dire que les principes de la réserve exigent la prestation de la caution, lorsque l'usufruitier légal des biens de ses enfants, les père ou mère survivants, dont le droit porte sur la réserve des enfants sur les biens du prédécédé, est dispensé de fournir caution par la loi elle-même (601)?

En résumé le Code lève la prohibition trop sévère du droit romain défendant au testateur de dispenser l'usufruitier de fournir caution. Il le fait d'une façon générale et formelle, sans distinguer si l'usufruit porte ou non sur des biens réservés. L'article 1094 qui contient les deux cas d'usufruit de la réserve qui peuvent nous occuper, se serait expliqué sur ce point, s'il avait entendu déroger au droit commun contenu dans l'article 601. Les conséquences de fait que nos adversaires nous signalent comme découlant de la dispense, peuvent offrir un certain danger mais ne sauraient prévaloir contre les principes (Nancy, 4 mars 1873, Pau, 3 juillet 1876. Cass. 5 juillet 1876. Demante, II, 442 bis. Troplong. Des donat. et rest. T. IV, n° 2576. Bonnet. *Des dispositions entre époux.* T. III, n° 1046). C'est dans le sens de notre système, on le voit, que tend à se former la jurisprudence.

La dispense de fournir caution n'est assujettie à aucune forme.

La clause portant que l'usufruitier devra fournir caution pour certains biens, vaut dispense pour les autres.

La dispense de faire inventaire ne vaut pas dispense de fournir caution et réciproquement.

La loi dispense elle-même de fournir caution, outre celui qui en est dispensé par l'acte constitutif d'usufruit :

1° Les père et mère ayant l'usufruit légal du bien de leurs enfants (691). La garantie offerte par l'affection paternelle a semblé suffisante au législateur (cf., l. 8, § 4, *in fine C. de bonis quæ lib.*).

2° Le vendeur ou donateur sous réserve d'usufruit (601). Il y a là une présomption de la volonté de l'aliénateur qui n'est pas de fournir caution.

3° Le mari usufruitier des biens de sa femme (1550). L'obligation de fournir caution eût été à son égard un manque de confiance.

Les exceptions ne doivent pas être étendues. Nous appliquons donc la règle, à savoir l'obligation de fournir caution :

A l'acheteur d'usufruit.

Aux père et mère usufruitiers du bien de leurs enfants, autres que des usufruitiers légaux, par exemple en vertu d'un testament qui ne les a pas dispensés ou bien en vertu de l'article 754 qui leur donne l'usufruit des biens des collatéraux de l'autre ligne. Cette application de la règle dans ces cas ne fait point de doute.

Relativement *à l'acheteur d'usufruit,* l'application de la règle a été contestée mais peu sérieusement, à notre avis.

Proudhon dit en effet : « qu'il s'agit toujours de l'exécution d'une vente qui n'entraîne d'autres charges que celles qui sont stipulées dans le contrat, ou qui sont naturellement inhérentes à la convention ou à la chose. Pourquoi en effet, le vendeur qui s'est réservé l'usufruit, n'est-il pas tenu de fournir un cautionnement? C'est parce qu'en aliénant la nue-propriété il s'est simplement obligé à conserver le fonds par une jouissance exercée en bon père de famille et sans se soumettre à aucune charge. Par la même raison celui qui achète un droit d'usufruit, ne s'oblige qu'à en payer le prix, et à jouir en bon père de famille sans s'imposer d'autres charges. Dans l'un comme dans l'autre cas, la dispense est consentie par cela seul qu'on n'en a pas stipulé l'obligation par le contrat (T. II, n° 830).

Cette solution de Proudhon doit être rejetée parce qu'elle est contraire au texte de l'article 601 qui ne dispense de la caution que le vendeur ou le donateur sous réserve d'usufruit; elle aboutirait d'ailleurs à dispenser de la caution tout usufruitier quand l'acte qui constitue l'usufruit est un acte entre-vifs qui n'oblige pas spécialement l'acquéreur. Quand la loi dispense de la caution le vendeur sous réserve d'usufruit, c'est parce que la jouissance n'est pas déplacée, qu'elle reste là où elle était, la nue-propriété étant le seul objet du contrat. Ici c'est précisément la jouissance qui est déplacée et qui fait l'objet du contrat; aucune raison de dispenser de fournir caution le nouveau titulaire de la jouissance.

Nous objectera-t-on que tout pacte obscur ou ambigu s'interprète contre le vendeur, mais ici il est facile de répondre qu'il n'y a pas de pacte, car l'acte, nous le supposons, ne renferme rien sur l'obligation de fournir caution.

L'usufruitier peut-il être déchu de la dispense de fournir caution? Le nu-propriétaire peut-il, pendant le cours de l'usufruit, contraindre à fournir caution l'usufruitier dispensé par l'acte constitutif?

Pendant le cours de l'usufruit des changements peuvent se produire par le fait de l'usufruitier ou sans le fait de l'usufruitier, soit dans sa fortune et ses affaires, soit dans ses biens eux-mêmes.

Changements par le fait de l'usufruitier.

Le nu-propriétaire peut demander une caution si l'usufruitier abuse (arg. *a fortiori*) de l'art. 618 qui déclare que dans ce cas, l'usufruit peut cesser.

S'il diminue pas son fait les sûretés qu'il présentait originairement. (arg. 1188). S'il tombe en faillite ou en déconfiture (arg. 1188 et 1913).

Changements sans le fait de l'usufruitier.

1° *Dans sa fortune et dans ses affaires.*

L'insolvabilité de l'usufruitier ne suffirait pas pour permettre au nu-propriétaire de lui demander une caution. L'usufruitier, en sa qualité de débiteur, ne doit en effet fournir des sûretés nouvelles que s'il a diminué par son fait celles qu'il présentait originairement. Or si la loi qui pouvait garantir le nu-propriétaire de l'insolvabilité de l'usufruitier par la prestation d'une caution, en a précisément dispensé l'usufruitier, c'est qu'elle a entendu statué même pour le cas où l'usufruitier deviendrait insolvable (Nancy, 23 mars 1843. Merlin, Rep. v° Usuf. § 2).

2° *Dans les biens eux-mêmes.*

Soit une rente perpétuelle dont l'usufruitier touchait les arrérages et que le débiteur veut rembourser.

Soit en immeuble dont l'usufruitier percevait les fruits converti également en un capital mobilier par l'effet d'une saisie de la pleine propriété, ou d'un partage.

L'usufruitier dispensé de fournir caution à l'égard de la rente perpétuelle et de l'immeuble, est-il tenu d'en fournir une pour toucher le capital de la rente ou le prix de la vente ou de l'adjudication ?

Pour nous cette conversion ne saurait modifier le droit que l'usufruitier tient de son titre. Dispensé de fournir caution par l'acte constitutif, il reste dispensé de fournir caution, du moment qu'il exerce son droit d'usufruitier, quelles que soient ses évolutions, et ses différents aspects. Il touchera donc le capital mobilier provenant du remboursement de la rente perpétuelle sans être astreint à fournir caution : de même le capital provenant de la vente ou de l'adjudication de l'immeuble (Bordeaux, 9 juillet 1846).

Mais ce système est combattu par deux opinions.

L'une soutenant sans distinction que la caution est alors due et se fondant sur l'article 39 de la loi du 3 mai 1841.

L'autre distinguant suivant que l'usufruitier est solvable ou non au moment de la conversion.

La première opinion se fonde sur l'article 39 de la loi du 3 mai 1841, sur l'expropriation pour cause d'utilité publique, qui, après avoir dit que le nu-propriétaire et l'usufruitier exercent leurs droits sur le montant de l'indemnité au lieu de les exercer sur la chose ajoute : « l'usufruitier sera tenu de donner caution ; les père et mère ayant l'usufruit légal des biens de leurs enfants en seront seuls dispensés. »

Voilà bien, dit-on, une conversion d'un immeuble et un capital mobilier. Eh bien ! l'usufruitier doit donner caution ; même s'il a été dispensé par l'acte constitutif, même si c'est un vendeur ou un donateur sous réserve d'usufruit. Il n'y a que les père et mère qui en soient dispensés !

Donc pour toute conversion d'un immeuble sujet à usufruit en un capital mobilier, nous devrons décider de même (Bordeaux,   ).

Nullement, répondons-nous, la loi du 3 mai 1841 est une loi

spéciale qui peut déroger à la convention des parties ou à la volonté du disposant. C'est une exception qu'on ne saurait étendre.

La seconde opinion distingue suivant qu'en fait l'usufruitier est solvable ou insolvable au moment de la conversion. Est-il solvable ; il ne doit pas fournir de caution : est-il insolvable, il doit en fournir une (Besançon, 8 février 1875, Aix, 31 janvier 1879).

Cette distinction est arbitraire : elle figure cependant dans quelques arrêts : mais elle est absolument incompatible avec la solution que nous avons admise et motivée quant aux changements survenus sans le fait de l'usufruitier dans sa fortune et ses affaires.

Le cessionnaire d'un usufruitier dispensé de caution est-il dispensé de caution. Et le créancier qui saisit et fait vendre un usufruit profite-t-il de la dispense accordée à son débiteur ?

La Cour de cassation a décidé par un arrêt du 7 juin 1853 que la dispense de caution en faveur du légataire de l'usufruit, est un droit exclusivement personnel à l'usufruitier et que ses créanciers ne peuvent en réclamer le bénéfice en vertu de l'article 1166 du Code civil.

Tout dépend, selon nous, de l'examen du titre. Si le titre fait de cette dispense une faveur personnelle à l'usufruitier, le cessionnaire ou le créancier ne sauraient en profiter. Mais en droit, l'usufruit cédé ou saisi et vendu, l'est tel qu'il se comporte, c'est-à-dire s'il y a dispense de fournir caution et avec cette dispense (cf. Paris 3 août 1857).

Le nu-propriétaire qui laisse l'usufruitier entrer en jouissance sans exiger préalablement caution ne doit pas pour cela seul être présumé renoncer au droit d'en exiger une par la suite (cf. l. 7, pr. l. 12, D. VII, IX).

S'il y a plusieurs co-usufruitiers chacun donne caution pour sa part dans la jouissance ; en cas d'accroissement, celui auquel la part accroît, donnera caution pour cette part. En cas d'usufruit constitué successivement sur la tête de plusieurs personnes, le successeur donnera caution pour la jouissance totale qui lui parvient.

La caution a la même étendue d'obligation que le débiteur principal, l'usufruitier. Elle doit en conséquence être présentée à tous ceux qui sont intéressés à ce que l'usufruitier jouisse en bon père de famille ; c'est-à-dire non-seulement au propriétaire actuel mais s'il y a lieu, au propriétaire et même à l'usufruitier conditionnels. Elle serait même tenue comme l'usufruitier envers ceux qui acquerraient la chose postérieurement à son engagement.

La caution à fournir par l'usufruitier est une caution légale. Nous lui appliquerons donc les articles 2018, 2019 et 2040 combinés. La base de l'évaluation de la solvabilité de la caution dont l'obligation est indéfinie (2016) sera prise de telle sorte que l'entière administration et jouissance de l'usufruitier soit garantie ainsi que toute la dette qu'il pourra contracter envers le nu-propriétaire. L'obligation de faire de l'usufruitier se résoudra en dommage-intérêt en cas d'inexécution. Ce ne sera pas la valeur totale des biens qu'on devra prendre, du moins en ce qui concerne les fonds de terre que l'usufruitier ne peut perdre en entier. Pour les maisons, le danger est peu à craindre.

Qu'arrive-t-il si l'usufruitier ne trouve pas de caution ?

L'article 604 porte « le retard de donner caution ne prive pas l'usufruitier des fruits auxquels il peut avoir droit ; ils lui sont dus du moment où l'usufruit a été ouvert. »

L'usufruitier n'est donc pas privé des fruits par son retard de donner caution.

Le Code abroge ainsi la disposition du droit romain qui portait que le retard de donner caution privait l'usufruitier des fruits (l. 13, pr. D. VII, 1).

Et la disposition de l'ancien droit par laquelle la douairière n'avait droit aux fruits des héritages sujets au douaire que du jour où elle avait fait au greffe son acte de caution juratoire de jouir en bon père de famille, en affirmant qu'elle n'en pouvait pas trouver d'autre (218. Orléans, T. XII. Pothier, note 6).

Nous avons admis la solution du Code même en cas de défaut d'inventaire. Mais nous avons indiqué aussi quel argument *a contrario* nos adversaires prétendaient tirer de l'article 604 vis-à-vis de l'article 600.

Une question se pose sur cet article 604 si formel. « Les fruits lui sont *dus du moment où l'usufruit a été ouvert.* » Déroge-t-il à l'article 1014 ? « Le légataire particulier ne pourra se mettre en possession de la chose léguée, ni en prétendre les fruits ou intérêts, *qu'à compter du jour* de sa demande en délivrance, ou *du jour* où cette délivrance lui aurait été volontairement consentie. Le légataire d'un usufruit a-t-il donc droit aux fruits indépendamment de la délivrance, du jour du décès du testateur si le legs est pur et simple ou de l'avènement de la condition si le legs est conditionnel ? L'affirmative se fonde sur les termes formels de l'article 604 contenant la règle « droit aux fruits du jour où l'usufruit a été ouvert. »

Sur l'article 585 qui porte que « les fruits naturels et industriels, pendants par branches ou par racines au moment où l'usufruit est ouvert, appartiennent à l'usufruit.

Sur l'antinomie qui existe entre ces deux formules : « le droit de l'usufruitier est ouvert » et « l'usufruitier n'a pas droit aux fruits » (Toullier, III, 423 ; Bastia, 3 fév. 1836).

La négative que nous adoptons répond : que l'article 604 résout une question spéciale à l'obligation de fournir caution ; et que la fin de l'article, malgré sa forme générale, n'en dépend pas moins pour cela du commencement. Loin de déroger à la disposition de l'article 1014 il ne fait que s'y reporter. Le jour où l'usufruit a été ouvert sera le jour de la demande en délivrance ou de la délivrance volontaire en matière de legs d'usufruit.

Que l'article 585 résout aussi une question spéciale, à savoir :

« Si l'usufruitier quoique entré en possession avant la récolte, a droit de percevoir les fruits qui sont venus à maturité par les soins du défunt, et non par les siens (Confer. Pothier. Introd. au l. XVI, n° 95, et l. 27, pr. D. VII, 1).

Que l'antinomie signalée n'existe pas attendu que le droit d'usufruit et le droit aux fruits sont choses parfaitement distinctes.

Comment d'ailleurs admettre que le légataire d'un usufruit ait plus de droits que le légataire de la pleine propriété ? (Demolombe 517, Demante, t. II, 445 bis, Bordeaux, 23 avril 1844).

Le légataire de l'usufruit de l'universalité ou d'une quote part de l'universalité n'en est pas moins un légataire particulier soumis à la règle de l'article 1014.

L'usufruitier qui ne trouve pas de caution peut donner à la place un nantissement suffisant d'après la règle de l'article 2041 : « Celui qui ne peut pas trouver une caution, est reçu à donner à sa place un gage ou nantissement suffisant.

Nous ajoutons et même une hypothèque : car la garantie résultant d'une hypothèque vaut celle qui résulterait d'un gage.

Mais notre opinion est combattue par deux opinions que nous réfuterons successivement.

La première opinion n'admet ni gage ni hypothèque à défaut de caution. Elle interprète, de cette façon, le sens de l'article 602 : « Si l'usufruitier ne trouve pas de caution » prescrivant dès lors des mesures conservatoires dans l'intérêt du nu-propriétaire. Elle insiste sur le caractère bien préférable de la caution qui est une personne intéressée à surveiller (Proudhon, t. II, n°s 846 et 849).

Nous répondons que la règle générale est contenue dans l'article 2041 postérieur à l'article 602. L'interprétation de Proudhon fait prévaloir la lettre sur l'esprit de la loi ; ce qu'il emporte c'est que le créancier ait des garanties suffisantes. Pourquoi préférer tant la caution au gage ? N'y a-t-il pas un adage qui dit : *Plus est cautionis in re quam in persona.*

La seconde opinion admet le gage, mais repousse l'hypothèque. Elle admet très bien que l'usufruitier fournissant une caution soit placé sous la règle de l'article 2041, et par conséquent puisse offrir à la place de la caution un nantissement suffisant. Mais elle soutient que l'hypothèque n'étant pas comprise dans la lettre de l'article 2041, on doit exclure l'usufruitier du droit de suppléer à la caution par une hypothèque sur ses immeubles.

Nous répondons que l'esprit de la loi veut que le nu-propriétaire ait des garanties suffisantes. (Exposé des motifs, t. IV, p. 105). Or, peut-on dire que la garantie résultant d'une hypothèque ne vaut pas celle qui résulterait d'un gage? La loi veut que si l'usufruitier ne trouve pas de caution d'après les articles 602 et 603 que les sommes soient placées. Or l'usufruitier ne peut-il fournir ce placement sur ses propres immeubles?

L'usufruitier doit donc fournir caution; s'il n'en trouve pas, il peut, d'après l'article 2041, fournir un nantissement suffisant, et même une hypothèque (Demolombe 505, Limoges 12 mars 1851).

S'il ne fournit aucune de ces garanties suffisantes, il y aura alors lieu d'employer les mesures prescrites par les articles 602 et 603.

L'article 602 porte : « Si l'usufruitier ne trouve pas de caution, les immeubles sont donnés à ferme ou mis en séquestre;

Les sommes comprises dans l'usufruit sont placées;

Les denrées sont vendues, et le prix en provenant est pareillement placé;

Les intérêts de ces sommes et les prix des fermes appartiennent dans ce cas à l'usufruitier.

L'article 603 première partie porte : « A défaut d'une caution de la part de l'usufruitier, le propriétaire peut exiger que les meubles qui dépérissent par l'usage soient vendus pour le prix en être placé comme celui des denrées; et alors l'usufruitier jouit de l'intérêt pendant son usufruit.

Quid si les sommes ainsi placées périssent par l'insolvabilité du débiteur sans qu'il y ait de faute du nu-propriétaire ou de l'usufruitier ?

Duranton distingue : Pour les sommes qui dès l'origine faisaient l'objet d'un quasi-usufruit, c'est-à-dire pour l'argent comptant et les marchandises, pour les sommes provenant des choses dont on ne peut faire usage sans les consommer, la perte résultant de l'insolvabilité du tiers doit retomber sur l'usufruitier.

Pour les autres objets la perte du prix placé retombe sur le propriétaire des premiers, en effet l'usufruitier avait la propriété, et le prix en provenant était sa chose ; des seconds, la propriété avant la vente résidait sur la tête de celui qui a constitué l'usufruit ou de son héritier, d'où le prix én provenant continuait d'être à ses risques (T. IV, 606).

Nous n'acceptons pas cette distinction. Dans notre espèce le placement est fait aussi bien par le nu-propriétaire aussi bien que par l'usufruitier, qu'il s'agisse de sommes comprises dans l'usufruit, ou de sommes provenant de la vente de denrées, ou de sommes provenant de la vente des meubles, nous devons considérer ce qui est placé comme un corps certain dont la perte est supportée par le nu-propriétaire quant au capital, par l'usufruitier quant à l'intérêt.

L'article 603 seconde partie porte : « Cependant l'usufruitier pourra demander et les juges pourront ordonner, suivant les circonstances, qu'une partie des meubles nécessaires pour son usage lui soit délaissée, sous sa simple caution juratoire, et à la charge de les représenter à l'extinction de l'usufruit. »

Cette disposition répond à des considérations d'équité et d'humanité.

Remarquons que l'usufruitier à qui on laisse les meubles sous sa simple caution juratoire à la charge de les représenter à l'extinction de l'usufruit, ne doit pas être considéré pour cela comme un quasi-usufruitier responsable des cas fortuits ; c'est ici un usufruit véritable et ordinaire. Duranton qui soutenait l'opinion contraire, l'a du reste abandonnée bientôt.

Ou bien les mesures conservatoires des articles 602 et 603, sont prises par le nu-propriétaire où elles ne le sont pas. Si elles ne le sont pas, et le nu-propriétaire a le droit de renoncer à ce qu'il pourrait exiger, alors les principes ordinaires doivent recevoir leur application. Il ne faudrait donc pas dire, suivant nous, avec Proudhon (841), que le nu-propriétaire pourrait retenir les meubles qui dépérissent par l'usage, sauf à payer à l'usufruitier l'intérêt de l'estimation. Demolombe, il est vrai, admet que le nu-propriétaire pourrait retenir certains meubles précieux, d'une valeur artistique ou d'un prix d'affection, sans rien payer à l'usufruitier qui ne remplit pas son obligation de fournir caution. Cette décision est au contraire conforme aux principes, puisque la sanction de l'article 603 ne s'applique qu'aux meubles qui dépérissent par l'usage.

La loi ne parle pas non plus des créances ou des rentes comprises dans l'usufruit. Comme en ce cas les capitaux sont déjà, au moment où s'ouvre l'usufruit, entre les mains d'un tiers, le défaut de caution doit avoir pour seul résultat d'autoriser le propriétaire à s'opposer à ce que les débiteurs remboursent entre les mains de l'usufruitier, tant que celui-ci n'aura pas donné caution.

II

OBLIGATIONS DE L'USUFRUITIER PENDANT SA JOUISSANCE.

1° *Obligations de tout débiteur de corps certain.*

L'usufruitier doit veiller à la garde et à la conservation des choses soumises à l'usufruit et apporter à cette surveillance tous les soins d'un bon père de famille (1136-1137).

Il doit garantir la chose de tous dommages et en prévenir le vol.

L'article 614 fait une application de ces principes : « Si pendant la durée de l'usufruit un tiers commet quelque usurpation sur le fonds, ou attente autrement aux droits du propriétaire, l'usufruitier est tenu de le dénoncer à celui-ci : faute de ce, il est responsable de tout le dommage qui peut en résulter pour le propriétaire, comme il le serait de dégradations commises par lui-même. » Nous ne lui appliquerions pas le délai imposé au preneur par l'article 1768, en pareil cas. De même la dénonciation prescrite par l'article 614 n'est soumise à aucune forme.

L'usufruitier est responsable de l'extinction des servitudes par le non usage et de la prescription des créances et des rentes qu'il eût pu empêcher (cf. 2163). Quant à la prescription des immeubles, une fois l'acte attentatoire dénoncé, sa responsabilité est mise à couvert.

L'usufruitier tenu de jouir en bon père de famille est tenu des fautes légères et moyennes que la prudence commune aurait évitées. Le Code, d'ailleurs, a supprimé l'ancienne classification des fautes. Ce n'est pas l'avis de *Proudhon* qui conservant l'ancienne classification des fautes, en *lata*, *levis*, *levissima*, enseigne que l'usufruitier doit répondre de ces trois sortes de fautes, en s'appuyant sur la doctrine de l'ancien droit, et en appliquant à l'usufruitier les articles 1928, relatif au dépositaire dans son propre intérêt, et 1992, relatif au mandataire salarié (III, 1542, et s.), les questions de responsabilité de l'usufruitier seront donc avant tout des questions de fait soumises à l'appréciation des magistrats (Demol. 727).

L'usufruitier répond de son dol et de sa faute; mais il ne répond pas des cas fortuits et de la force majeure (cf. 589, 1566, 615, 616, 1567).

Remarquons que l'article 453, en autorisant les père et mère, tuteurs et ayant l'usufruit légal des biens de leurs enfants mineurs, à garder les meubles au lieu de les faire vendre, ajoute qu'ils les feront alors estimer et rendront la valeur estimative de ceux qu'ils ne pourraient représenter en nature. Il ne distingue pas si l'impossibilité où seraient les père et mère de représenter les meubles provient ou non de leur faute. Cet article est spécial aux règles de la tutelle dont le but immédiat est de conserver avant tout intacte la fortune du mineur. Le principe d'après lequel l'usufruitier ne répond pas des cas fortuits et de la force majeure n'en reste pas moins certain.

De même l'article 950 dit que lorsqu'une donation d'effets mobiliers a eu lieu avec réserve d'usufruit, le donataire est tenu, à l'expiration de l'usufruit, de prendre les effets donnés qui se trouvent en nature dans l'état où ils sont et qu'il aura action contre le donateur ou ses héritiers, pour raison des objets non existants, jusqu'à concurrence de la valeur qui leur aura été donnée dans l'état estimatif. Mais cet article est spécial à la règle : « Donner et retenir ne vaut » dont il a pour but immédiat d'assurer l'efficacité et il n'atteint pas le principe d'après lequel l'usufruitier ne répond pas des cas fortuits ou de la force majeure.

Les articles 1733 et 1734 sont-ils applicables à l'usufruitier? Non. La présomption de faute (1733) du preneur en cas d'incendie est spéciale au preneur et comme toute présomption légale (1350) ne saurait être étendue.

La solidarité (1734) ne saurait être de même étendue au-delà du cas prévu. Or l'article 1734 vise plusieurs locataires ; il ne saurait être étendu à plusieurs usufruitiers.

Qu'a donc dit la Cour de Toulouse pour motiver l'affirmative (15 mai 1837) ? Elle a dit que l'usufruitier, de même que le preneur est tenu de l'obligation de restituer la chose au propriétaire et qu'en conséquence, c'est à lui qu'incombe, suivant le droit commun, l'obligation de prouver le cas fortuit, qui, en détruisant la chose, aurait produit sa libération. Soit. Mais nous établissons qu'en prouvant l'incendie, l'usufruitier a prouvé le cas fortuit, étant exempt de la présomption légale de faute spéciale au locataire ; c'est au nu-propriétaire de prouver que l'incendie a eu pour cause une faute de l'usufruitier. Cet argument nous suffit, et il est irréfutable. Nous ne nous appuierons donc pas sur l'article 624 qui suppose que la destruction d'un bâtiment par incendie entraîne la simple extinction de l'usufruit pour dire que l'article 1733 ne s'applique pas à l'usufruitier ; car on pourrait facilement nous répondre que l'article 624 suppose précisément un incendie que l'usufruitier prouve être le résultat d'un cas fortuit.

Aucune raison sérieuse ne peut être également donnée pour étendre à l'usufruitier la disposition de l'article 1882 relative à l'emprunteur : « Si la chose prêtée périt par cas fortuit dont l'emprunteur aurait pu la garantir en employant la sienne propre, ou si, ne pouvant conserver que l'une des deux, il a préféré la sienne, il est tenu de la perte de l'autre.

2° *Obligation de jouir en bon père de famille partant, d'entretenir la chose.*

Jouir en bon père de famille. — Cette obligation l'astreint en général à exercer son droit de manière à ne pas détériorer et à faire tout ce que ferait un propriétaire soigneux qui tiendrait à conserver sa chose en bon état. Nous n'entrerons pas dans toutes les obligations de détail et de fait qui découlent de l'obligation générale.

Notons en passant ce point que l'usufruitier ne peut être contraint de cultiver ou d'exploiter, comme peuvent l'être le fermier ou le locataire d'un fonds de commerce. Le nu-propriétaire n'a pas comme le bailleur intérêt à ce que la chose produise des fruits affectés aux fermages ou aux loyers, car il n'a qu'un droit aux fruits. Mais si le défaut de culture ou d'exploitation nuisait à la substance de la chose, il est clair que l'usufruitier pourrait y être contraint.

Entretenir la chose. — L'usufruitier devant conserver les choses dans leur substance, afin de pouvoir les rendre un jour au propriétaire telles qu'il les a reçues est par là même tenu de faire généralement tout ce qu'il faut pour les entretenir, puisque sans cela elles se détérioreraient ou même périraient; de sorte que le propriétaire, ou ne les recouvrerait pas du tout, ou du moins ne les recouvrerait qu'en mauvais état.

Mais la loi n'oblige pas l'usufruitier à améliorer, à renouveler, à terminer par exemple une construction commencée avant l'ouverture de l'usufruit.

Nous n'entrerons pas dans toutes les obligations de détail et de fait qui découlent de l'obligation générale d'entretenir la chose. Notons-en quelques unes sur lesquelles nous n'insisterons pas.

Remplacer les arbres fruitiers qui meurent, ceux qui seraient arrachés ou brisés par accident, ainsi que les plants qu'il tire d'une pépinière (590-594).

Dans une vigne remplacer les ceps qui périssent.

Dans un établissement quelconque remplacer les objets servant à l'exploitation et considérés comme accessoires de la chose.

Dans un bois, se conformer lors des coupes aux règles prescrites par les lois forestières et aux usages établis par le propriétaire pour le repeuplement du bois.

Nous insisterons plus longuement :

Sur les réparations d'entretien ;

Sur l'obligation de remplacer par le croît les têtes péries d'un troupeau.

DES RÉPARATIONS D'ENTRETIEN.

L'article 605 porte :

« L'usufruitier n'est tenu qu'aux réparations d'entretien.

Les grosses réparations demeurent à la charge du propriétaire à moins qu'elles n'aient été occasionnées par le défaut de réparations d'entretien, depuis l'ouverture de l'usufruit ; auquel cas l'usufruitier en est aussi tenu. »

Le Code, suivant en cela le droit romain et le droit antérieur, met donc à la charge de l'usufruitier les réparations d'entretien (*modica refectio*).

Les considérations à l'appui de cette solution sont très probantes.

Puisque c'est l'usufruitier qui perçoit tous les fruits, il est juste qu'il entretienne la chose à ses frais. Par là, il aura en définitive le revenu net ni plus ni moins, et c'est bien tout ce que peut rapporter le droit de jouir soit entre les mains de l'usufruitier, soit entre les mains du propriétaire.

Proudhon émet cette considération que les réparations d'entretien ont une durée qui se rapproche de la vie de l'homme et que dès lors c'est surtout à l'usufruitier qu'elles doivent servir (n° 1615). Est-ce bien vrai ? Non, cela ne se produirait que dans l'hypothèse insolite d'un usufrutier au berceau. En général les réparations d'entretien précisément parce qu'elles ont une durée égale à la vie de l'homme profiteraient pour une large part au nu-propriétaire à qui l'usufruit fera retour. D'ailleurs de ce que les réparations modiques devraient lui servir, il ne s'ensuivrait pas que l'usufruitier fût dans l'obligation de les faire.

L'article 606 définit les grosses réparations :

« Les grosses réparations sont celles des gros murs et des voûtes, le rétablissement des poutres et des couvertures entières.

Celui des digues et des murs de soutènement et de clôture aussi en entier.

Toutes les autres réparations sont d'entretien. »

Il est regrettable que le Code, imitant en cela le droit romain (l. 7, § 8, D. VII, 1) et l'ancien droit (Paris, 262), ne parle que des bâtiments. Il ne faudrait pas en conclure que toutes les réparations à autre chose qu'à des bâtiments soient des réparations d'entretien.

Mais comment à l'égard des choses autres que les bâtiments, distinguer ces deux classes de réparations ?

Les anciens auteurs ont cherché les caractères généraux (Desgodets, Davot, Goupy, Bannelier). L'avocat général Lamoignon disait le 18 avril 1711 devant le Parlement de Paris qu'il faut considérer comme grosses réparations, les grosses matières, les gros ouvrages, les ouvrages qui sont faits *ad perpetuam rei utilitatem* ; ceux dont la durée dépasse généralement celle de la vie de l'homme ; qui font époque, si l'on peut s'exprimer ainsi, dans l'histoire de la propriété, et qui pèsent, lorsque la nécessité en arrive, comme une charge extraordinaire sur la chose.

D'où les réparations d'entretien seraient celles ayant les caractères opposés.

Mais cette distinction théorique laisse bien des questions dans le vague et dans l'incertitude. Dira-t-on par exemple que toute réparation à un navire est une réparation d'entretien? et cependant un navire n'atteint guère la durée de la vie humaine.

Nous n'avons qu'un texte, l'article 606. Il nous faut nécessairement y revenir, et, rejetant les distinctions *a priori*, nous borner à examiner les questions au point de vue du fait. L'espèce de la réparation à autre chose qu'à des bâtiments, est-elle analogue à celles que le Code qualifie grosses réparations quant aux bâtiments, nous la rangeons dans grosses réparations. C'est donc la pensée essentielle sur laquelle repose la distinction écrite dans l'article 606 qui doit nous guider dans ces questions de fait. Le Code prussien (69) dispose formellement que les dispositions relatives aux édifices serviront de règle pour l'usufruit établi sur d'autres propriétés. C'est ainsi que précédés par l'esprit et non par la lettre de l'article 606, nous déciderons que le remplacement de la meule d'un moulin constitue une grosse réparation.

C'est là un gros ouvrage en effet au même titre qu'un rétablissement de poutres ; et un rétablissement de poutres est qualifié grosse réparation par l'article 606.

Proudhon est d'un avis contraire (IV, 1641, 1669). Le remplacement des meules de moulin doit être, dit-il, à la charge de l'usufruitier puisque cette espèce de réparation n'a rien de commun avec celles qui sont catégoriquement déterminées par le Code comme étant les seules qui doivent rester à la charge du propriétaire (cf. Orléans 6 fév. 1821). Ce raisonnement est faux : et nous avons déjà dit qu'il ne fallait pas conclure de 606 que toute réparation à autre chose qu'à un bâtiment fût une réparation d'entretien : 606 n'est limitatif que quant à ce qu'il définit, c'est-à-dire les réparations aux édifices.

A partir de quel moment l'usufruitier est-il tenu des réparations d'entretien?

L'article 605 dit « depuis l'ouverture de l'usufruit. »

La nécessité des réparations d'entretien doit donc être survenue depuis l'ouverture de l'usufruit. Il serait injuste d'obliger l'usufruitier à rendre les choses en meilleur état qu'on ne les lui a remises. L'obligation de l'usufruitier est simplement d'entretenir ce qu'il a reçu et par conséquent de réparer ce qui se détériore depuis l'ouverture de l'usufruit.

Mais de quelle ouverture de l'usufruit s'agit-il ? Est-ce de l'ouverture de droit ? Est-ce de l'ouverture de fait?

Il se peut en effet que la délivrance et la possession de la chose soient reculées en cas d'usufruit constitué par le testament jusqu'au moment de la délivrance du legs.

Le légataire de l'usufruit serait-il tenu des réparations d'entretien dans l'intervalle de temps qui sépare la mort du testateur de la délivrance du legs?

Proudhon exprime deux opinions inconciliables :

C'est d'abord à l'ouverture de fait qu'il rattache le principe d'après lequel l'usufruitier est tenu des réparations d'entretien (IV, 1654, 1655, 1813).

Et ensuite en cas d'usufruit légué ne dit-il pas que l'héritier qui aurait fait des réparations d'entretien depuis la mort du testateur pourrait en répéter le montant du légataire d'usufruit auquel il fait la délivrance du legs (1718) ?

Il y a là une contradiction évidente.

Pour nous, c'est de l'ouverture de fait qu'il s'agit, qu'elle coïncide ou non avec l'ouverture de droit. Car l'obligation de faire les réparations d'entretien ayant pour cause la possession et la jouissance de la chose, ce n'est que du jour de la délivrance que le légataire doit les faire, car ce n'est que de ce jour qu'il possède et qu'il jouit. C'est donc l'héritier qui serait responsable envers le légataire du défaut de réparations d'entretien, car c'est lui qui a possédé et joui depuis la mort du testateur jusqu'à la délivrance du legs.

L'usufruitier ne doit pas simplement payer les dépenses des réparations d'entretien.

Mais il doit fournir la main d'œuvre et les matériaux nécessaires.

L'article 592 en lui permettant de se servir pour ces réparations des arbres arrachés ou brisés par accident, prouve par *a contrario* qu'en tout autre cas l'usufruitier devait fournir les matériaux nécessaires à ses frais.

Mais il peut s'approprier les vieux matériaux qu'il remplace. L'article 594 le décide pour les arbres fruitiers qui meurent ou qui sont brisés par accident.

En résumé, en principe les grosses réparations sont à la charge du nu-propriétaire ; les réparations d'entretien à la charge de l'usufruitier.

L'usufruitier ne serait tenu des grosses réparations qu'autant qu'elles auraient été occasionnées par le défaut de réparations d'entretien depuis l'ouverture de l'usufruit.

Il n'est donc tenu en général que des grosses réparations devenues nécessaires par sa faute ; il n'en est pas tenu par son titre d'usufruitier.

Il est tenu des réparations d'entretien en sa qualité seule d'usufruitier, qu'elles soient devenues nécessaires par sa faute, ou non.

Cette dernière proposition semble contredite par l'article 607 qui porte « Ni le propriétaire, ni l'usufruitier, ne sont tenus de rebâtir ce qui est tombé de vétusté ou ce qui a été détruit par cas fortuit.

L'usufruitier n'est donc pas tenu des réparations d'entretien qui ne proviennent pas de sa faute !

Ce qui est contraire à l'article 605 qui impose à l'usufruitier toutes les réparations d'entretien sans distinction.

Des auteurs ont cherché sans grand résultat, suivant nous, à concilier les deux articles par des distinctions purement arbitraires.

C'est ainsi qu'on a voulu tout en appliquant l'article 605 faire encore la part de l'article 607.

On a dit que l'usufruitier est tenu des réparations d'entretien non occasionnées par sa faute lorsqu'elles sont la conséquence ordinaire et naturelle du temps et de l'usage (605), mais non de rétablir ce qui est tombé par vétusté où ce qui est détruit par cas fortuit (607). La vétusté se distingue de la conséquence naturelle et ordinaire du temps, par ce qu'il y a des choses qui ont besoin d'être réparées ou renouvelées après un certain temps, sans que pour cela elles tombent de vétusté. Cette distinction, ajoutent MM. *Aubry et Rau* (T. II, p. 17 note 5), est conforme à l'équité, parce qu'on ne concevrait pas que l'usufruiter fût tenu de supporter seul les conséquences des cas fortuits et les effets de la vétusté qui serait, il est vrai, arrivée à son dernier degré pendant la durée de l'usufruit, mais dont l'origine serait antérieure à l'ouverture de ce droit.

Duranton propose en outre de tenir compte de l'importance de la réparation à faire. « Il nous semble, dit-il, qu'on pourrait entendre l'article 607 en ce qui concerne l'usufruitier, du cas où il s'agirait non du rétablissement en entier d'un mur de clôture ou de soutènement d'une digne ou d'une chaussée car il concernerait le propriétaire, d'après les articles 605 et 606, mais du cas où il s'agirait d'une réparation à faire à ces objets et autres semblables et que néanmoins ce qu'il y aurait à réparer, et dont la destruction n'aurait été amené que par vétusté ou force majeure serait tellement considérable relativement à ce qui resterait en état de servir encore, qu'il serait impossible de dire dans ce cas avec la loi romaine, *modica refectio ad eum pertinet* » (T. IV, n° 620).

Nous rejetons ces distinctions, et solidement appuyé sur l'article 605 nous arrivons à cette conclusion forcée que l'article 607 doit être écarté.

Nous rejetons ces distinctions ; cette séparation des réparations d'entretien en deux classes est remplie d'arbitraire et absolument impraticable.

Nous nous appuyons solidement sur l'article 605 qui impose à l'usufruitier toutes les réparations d'entretien sans distinction. Tirera-t-on argument en faveur de l'article 607, de l'article 1754 qui dispense le preneur des réparations locatives en cas de force majeure ou de vétusté? On ne le pourrait qu'en confondant tous les principes des droits du preneur et des droits de l'usufruitier.

Cette dispense en faveur du preneur que le bailleur doit faire jouir n'est que trop juste. Régulièrement le preneur ne devrait avoir rien à réparer. Elle ne se comprendrait pas en faveur de l'usufruitier que le nu-propriétaire n'a aucune obligation de faire jouir ; et d'après la loi l'usufruitier a toutes les réparations d'entretien à sa charge.

Que conclure de tout cela, sinon que l'article 607 doit être écarté? On ne saurait mettre de côté, nous objectera-t-on, un article précis de loi, qui a été présenté au Corps Législatif comme étant la conséquence de ce principe, que l'usufruitier prend la chose, en jouit, et la laisse dans l'état où elle se trouve (Fenet, 223). Mais si nous nous reportons à l'origine romaine de l'article 607, nous arrivons encore plus à nous persuader de son inutilité, car l'article 607 n'est qu'une copie d'un passage de la loi 7, § 2, D. VII, 1, dont le sens est complètement obscurci. « *Si qua tamen vetustate corruissent, neutrum cogi reficere* », est opposé par Ulpien à la « *modica refectio* » dont il charge l'usufruitier. Il entend par là les grosses réparations, sans faire de distinction entre les conséquences de l'usage et celles de la vétusté proprement dite. Les rédacteurs du Code en traduisant ce membre de phrase ont donc dû avoir la même pensée qu'Ulpien : puisque dans les articles précédents, ils avaient été les interprètes fidèles de la pensée contenue dans le commencement du paragraphe. Que veut dire alors l'article 607 ? Que ni l'usufruitier, ni le propriétaire ne sont tenus de faire les grosses réparations. L'article 607 ne peut être utile qu'en lui donnant ce sens historique ; sinon il faut l'écarter, car il donne naissance, comme nous l'avons montré, à des distinctions pleines d'une déplorable incertitude ; il est en contradiction évidente avec l'article 605 qui contient la règle générale. Remarquons qu'il serait encore peu en harmonie avec les articles 594 et 616 qui obligent l'usufruitier à remplacer, l'un, les arbres arrachés ou brisés par accident, l'autre, les têtes de bétail qui ont péri par accident ou maladie (Demolombe, 588. Cass. 7 nov. 1865).

Si le propriétaire, en l'absence de l'usufruitier, fait des réparations qui étaient à la charge de ce dernier, celui-ci, par application des principes de la gestion d'affaires, lui doit compte de la dépense, car il acquitte en définitive une dette de l'usufruitier.

Nous arrivons à la question la plus importante de notre chapitre des réparations.

Le nu-propriétaire peut-il être contraint par l'usufruitier à faire les grosses réparations ?

Et réciproquement l'usufruitier peut-il être contraint par le nu-propriétaire à faire des réparations d'entretien ?

1° *Le nu-propriétaire est-il tenu des grosses réparations.*

Nous avons vu que dans le droit romain (l. 65, § 1, D. VII, I) et dans l'ancien droit, c'était un principe à peu près généralement reconnu, que l'usufruitier n'avait pas d'action contre le nu-propriétaire pour le contraindre à faire les grosses réparations. Nous disons à peu près, car dans l'ancien droit certains auteurs soutenaient le contraire à propos d'un certain type d'usufruit : le douaire, mais ils tiraient leur conséquence du principe d'une obligation personnelle du mari et non des règles de l'usufruit ordinaire. (Cf. Pothier, *Douaire*, 247).

Nous disons à peu près, parce que à propos du don mutuel, Pothier enseignait l'affirmative, et que Bourjon faisait, sans beaucoup de raison, une distinction entre l'usufruit constitué à titre onéreux et l'usufruit établi à titre gratuit (*Droit comm. de la France*, T. II, p. 34, *de l'usufruit*).

Les précédents historiques sont donc presque unanimement favorables à la négative. Le nu-propriétaire n'est pas tenu des grosses réparations.

Quels sont donc les arguments qui, sous l'empire du Code, ont pu être élevés contre ce système qui est le nôtre ?

Quels sont d'abord les textes qui ont pu servir de point d'appui à nos adversaires ?

On argumente d'abord de l'article 605. « Les grosses réparations demeurent à la charge du propriétaire. » Que veulent dire ces mots, sinon qu'il est tenu de les faire ? Autrement seraient-elles à sa charge ? S'il avait la simple faculté de les faire ou de ne pas les faire, à sa volonté, à quoi serviraient les expressions de l'article 605 ? Il n'y aurait rien de modifié dans sa situation par la constitution d'usufruit. Une charge active comme l'est l'obligation de faire les grosses réparations, ne peut se comprendre que si elle se résout en un fait actif dont on est tenu.

L'article 655 qui impose à tous ceux qui ont droit au mur mitoyen la charge de la réparation et de la reconstruction, ne veut-il pas dire que l'un des ayants-droits pourra contraindre l'autre à supporter sa part proportionnelle de la réparation ?

De même dans l'article 664 qui règle les obligations des divers propriétaires des différents étages d'une maison et qui met à la charge de tous les propriétaires les gros murs et le toit, chacun en proportion de la valeur de l'étage qui lui appartient, le mot charge ne peut être entendu dans un autre sens.

A cet argument tiré de l'article 605, il est facile de répondre que l'article 605 a un but unique : déterminer les obligations de l'usufruitier. L'usufruitier devient chargé des réparations d'entretien. Le propriétaire reste chargé des grosses réparations. C'est la condition des réparations d'entretien qui change par le fait même de l'existence de l'usufruit. Ces réparations qui étaient, comme toutes les autres, à la charge du propriétaire, n'y demeurent plus ; elles passent à l'usufruitier. Les grosses réparations, au contraire, demeurent, continuent d'être à la charge du propriétaire, comme si la chose n'était pas grevée d'usufruit ; de sorte que, s'il tient à ce qu'elles soient faites, c'est à lui à les faire.

Le mot charge peut bien avoir ici un autre sens que celui qu'il prend dans les articles 655 et 664 : il n'y a ni communauté, ni copropriété. L'usufruitier a bien un droit sur la chose, mais il n'a pas de droit contre la personne du propriétaire. La qualité de nu-propriétaire ne saurait par elle-même obliger à faire quelque chose. Cette qualité, en effet, est simplement pour le nu-propriétaire la privation temporaire du droit de jouir de sa chose. Un droit lui manque sur cette chose, voilà tout. Évidemment cette circonstance ne saurait par elle-même l'obliger à faire quelque chose.

Que dit, en effet, l'article 600 : « que l'usufruitier prend les choses dans l'état où elles sont ». Y a-t-il donc des réparations nécessaires à cette époque? Il ne peut contraindre le nu-propriétaire à les faire. Or, par l'existence de l'usufruit la condition du nu-propriétaire ne change point ; s'il y avait pour lui obligation de réparer, cette obligation s'appliquerait aux réparations dont la chose peut avoir besoin au commencement de l'usufruit, tout comme à celles dont la nécessité surviendrait pendant son existence et qui ne sont pas du nombre de celles que la loi impose à l'usufruitier. Proudhon remarque même (1677. T. IV) qu'il est certain que les grosses réparations qui sont à faire lors de l'ouverture de l'usufruit n'ont aucune cause imputable à la faute de l'usufruitier, tandis qu'on ne peut pas en dire autant de celles dont le besoin est survenu pendant sa jouissance, et que s'il y avait une différence à faire, elle serait absolument en sens inverse de celle que l'on prétend établir.

Donc aucun argument à tirer de l'article 605.

Nous avons déjà prouvé l'inutilité de l'article 607 et son sens historique qui est absolument favorable à notre système, il nous sera donc facile de repousser l'argument *a contrario* qu'on prétend en tirer.

L'article 607 dit que ni le propriétaire, ni l'usufruitier ne sont tenus de rebâtir ce qui est tombé de vétusté ou ce qui a été détruit par cas fortuit.

Voici l'argument *a contrario* que nos adversaires en tirent.

C'est donc, disent-ils, que le nu-propriétaire est tenu des grosses réparations qui ne sont pas occasionnées par la vétusté ou le cas fortuit. Voilà le sens de l'article 605 bien clair à présent, et voilà en même temps l'article 607 expliqué, il est un correctif à l'obligation dont est tenu le nu-propriétaire de faire toutes les grosses réparations. Réfection partielle, le nu-propriétaire est tenu ; réfection totale, le nu-propriétaire est dispensé.

D'abord l'article 607 ne parle pas plus d'une réfection totale que d'une réfection partielle « ce qui est tombé ». Et, en effet, si tout est tombé l'usufruit est éteint. Mais nous n'avons qu'à répéter ce que nous avons dit sur l'explication possible de l'article 607, explication qui donne une confirmation absolue au système que le nu-propriétaire n'est pas tenu de faire les grosses réparations. C'est la copie d'un fragment de la loi 7, § 2, D, VII, 1, dont le sens est obscurci singulièrement : « *Si qua tamen vetustate corruissent, neutrum cogi reficere* ». Il est certain qu'en droit romain l'usufruitier n'a aucune action pour contraindre le propriétaire à faire les grosses réparations. Cette loi ne doit donc pas être restreinte à ce qui tombe de vétusté, mais s'appliquer à toutes les grosses réparations. Ulpien, dans ce fragment du paragraphe, opposait aussi les grosses réparations en général à la « *modica refectio* » qu'il faisait peser sur l'usufruitier. Dans l'article 605, le législateur français fait peser ces réparations d'entretien sur l'usufruitier, et en même temps il charge le nu-propriétaire des grosses réparations, mais sans l'y contraindre.

Et alors ou l'article 607 est inutile, ou il ne peut avoir qu'un sens qui est la confirmation de notre doctrine; le nu-propriétaire n'est pas tenu des grosses réparations.

Nous avons repoussé tout à l'heure l'assimilation que l'on prétendait faire de l'article 605 aux articles 655 et 664 au point de vue du sens à donner au mot *charge*. Nous avons dit que dans ces derniers articles il y avait communauté ou copropriété ; ce qui n'existait pas dans les rapports de l'usufruitier et du nu-propriétaire, d'où nous avons conclu que l'usufruitier ne pouvait contraindre le propriétaire à l'exécution des charges qui pesaient sur lui, tandis qu'au contraire le copropriétaire d'un mur mitoyen pourrait forcer son copropriétaire à contribuer à la réparation du mur. Mais nos adversaires n'acceptent pas nos propositions; et ils invoquent certains articles du Code pour nous prouver que la loi répartit entre le propriétaire et l'usufruitier certaines charges, de telle sorte que chacun d'eux est obligé de les acquitter pour la part qui affecte son propre droit dans la chose. L'article 609 qui fait contribuer d'une façon obligatoire et proportionnellement le nu-propriétaire et l'usufruitier aux charges imposées sur la propriété pendant la durée de l'usufruit, l'article 612 sur la contribution au paiement des dettes, l'article 613 sur la contribution aux frais des procès. Pourquoi, disent-ils, ne pas raisonner de même pour les grosses réparations et les réparations d'entretien et ne pas voir là une dette obligatoire du nu-propriétaire envers l'usufruitier et réciproquement ?

Il y a dans le raisonnement de nos adversaires une confusion qu'il est facile de démontrer. Dans les articles 609, 612 et 613, il y a un tiers créancier de la pleine propriété, soit l'État en cas de contribution publique, soit les créanciers héréditaires en cas de dettes de succession, soit le Trésor public en cas de frais de procès, et alors ces articles ont réglé la contribution du nu-propriétaire et de l'usufruitier proportionnellement à leur droit sur la chose. Mais dans notre espèce il n'y a aucun rôle joué par les tiers, et il s'agit de savoir, non pas si le propriétaire et l'usufruitier seront tenus de contribuer à une dette envers un tiers, mais bien si le nu-propriétaire sera obligé envers l'usufruitier personnellement. Or aucun article n'imposant une pareille obligation au nu-propriétaire ne se trouve dans toute la section intitulée : des droits de l'usufruitier (1) (582 à 599). Ce qui est absolument en harmonie avec le caractère essentiel du droit d'usufruit qui est d'être un droit réel qu'on ne peut qualifier de servitude personnelle qu'en ce sens seulement qu'il est établi au profit d'une personne.

Quelles considérations nous reste-t-il donc à repousser pour confirmer de la façon la plus solide notre système? Des considérations d'équité, d'intérêt général, et de sentiment. On nous montre une maison s'écroulant ou un champ disparaissant sous les eaux sans qu'il y ait aucun moyen pour l'usufruitier d'empêcher cette destruction et ces désastres, si le propriétaire s'obstine à ne pas vouloir réparer sa propre chose. Et on invoque l'intérêt général de la société. Eh bien ! nous prétendons qu'au point de vue de la raison et de l'équité la solution contraire serait désastreuse. En effet elle astreindrait le propriétaire à faire des avances considérables, peut-être au-dessus de ses moyens, et dont souvent il ne pourrait jouir que dans un avenir éloigné, si l'usufruitier est aussi jeune que lui; dont il ne jouira peut être jamais !

A tous les points de vue donc au point de vue des textes, des

1. *Taulier* prétend pourtant tirer cette obligation de l'article 599, qui dit que le propriétaire ne peut par son fait ni de quelque manière que ce soit, nuire aux droits de l'usufruitier (II, 327).

principes, de l'équité elle-même nous avons établi notre solution comme la meilleure, à savoir que le nu-propriétaire n'est pas tenu des grosses réparations (Demolombe, 584. — Proudhon, IV, n° 1675-1683. Demante. Cours anal., T. II, n° 449 *bis*, Toulouse, 9 février 1865. — Cass. 25 juin 1877).

(Pour l'opinion opposée Delvincourt, T. I, p. 150, note 8. — Taulier, T. II, p. 328, Caen, 21 déc. 1839).

II. — L'usufruit est-il tenu des réparations d'entretien ? Nous avons déjà établi que l'usufruitier n'est pas tenu des réparations d'entretien dont la cause est antérieure à l'ouverture de l'usufruit. Il ne s'agit donc ici que de celles dont la cause est postérieure à l'ouverture de l'usufruit.

Ici nous soutiendrons l'affirmative. Le nu-propriétaire peut contraindre l'usufruitier à faire ces réparations.

Tel est le principe du droit romain (L. 9, § 2 et 3, et l. 64, D. VII, I. L. 1, § 3 et 6. D. VII, IX).

Telle est la solution donnée par l'ancien droit. (Pothier, Douaire, 238.

Telle est la solution du Code.

L'article 605 porte : « l'usufruitier n'est tenu qu'aux réparations d'entretien. »

Mais il est tenu par une obligation personnelle envers le propriétaire consacrée par plusieurs dispositions générales du titre. L'article 578 qui définit l'usufruit « le droit de jouir comme le propriétaire lui-même, mais à la charge de conserver la substance des choses. L'article 601 qui oblige l'usufruitier à jouir en bon père de famille, l'article 618 qui range dans les abus de jouissance faisant cesser l'usufruit, le fait de laisser dépérir le fonds faute d'entretien.

Pourtant la Cour d'Amiens avait jugé le 1er juin 1822 : « que l'article 605, qui met les réparations à la charge de l'usufruitier, ne donne pas pour cela au nu-propriétaire, le droit d'actionner l'usufruitier, toutes les fois qu'il y a des réparations à faire aux immeubles dont celui-ci a la jouissance, — qu'un pareil droit s'il était admis, exposerait l'usufruitier à des vexations continuelles, — que celui-ci peut faire les réparations d'entretien quand il lui plaît, et qu'il lui suffit de laisser l'immeuble en bon état à l'expiration de sa jouissance : que le Code n'accorde d'action au nu-propriétaire pendant la durée de l'usufruit, que dans les cas de jouissance abusive prévus par l'article 618, c'est-à-dire lorsque l'usufruitier a commis des dégradations sur le fonds ou lorsqu'il l'a laissé dépérir faute d'entretien, mais que dans ce cas, le propriétaire peut demander non l'exécution des réparations d'entretien, mais la cessation de l'usufruit (Sirey, 1829, D. 349).

Cet arrêt contraire aux principes de la matière et aux textes fut cassé d'ailleurs (Cass. 27 juin 1825).

Il est contraire aux textes en ce que l'article 605 dit formellement que l'usufruitier est tenu des réparations d'entretien et que plusieurs dispositions générales consacrent, comme nous l'avons vu, cette obligation personnelle de l'usufruitier envers le nu-propriétaire.

Comment ne pas rejeter ce considérant qui aboutirait à forcer le propriétaire d'attendre le dépérissement de sa chose pour pouvoir intenter l'action pour jouissance abusive? L'usufruitier est tenu, dit l'article 605 : il est tenu actuellement de cette obligation, conséquence inséparable de son droit de jouissance.

Un des considérants nous paraît plus spécieux; c'est celui qui redoute les vexations continuelles qui résulteraient pour l'usufruitier de notre doctrine. C'est pourquoi nous devons tempérer notre système en décidant avec la Cour de cassation que les réparations exigées par le propriétaire doivent avoir quelque importance. C'est ainsi qu'elle a confirmé un arrêt de la Cour de Lyon dispensant un usufruitier de l'obligation actuelle de procéder à des réparations minimes.

Il faut généraliser notre solution relative aux réparations d'entretien. Si donc l'usufruitier détériore la chose, s'il en néglige l'entretien, en un mot, s'il ne jouit pas en bon père de famille, le propriétaire peut agir immédiatement contre lui, sans attendre l'extinction de l'usufruit.

Ainsi dans une espèce où l'usufruitier avait abattu des arbres de haute futaie non mis en coupes réglées et devait par là même une indemnité au nu-propriétaire, nous repousserions la solution de la Cour de Paris (12 déc. 1811) approuvée par Hennequin (t. II, p. 293) qui décide que l'indemnité n'est exigible contre l'usufruitier qu'à l'expiration de l'usufruit.

Le motif de la Cour de Paris est que l'usufruitier ayant le droit de jouir jusque là de ces arbres, il doit aussi jusque là garder l'indemnité qui les représente ; le capital d'une pareille indemnité représentant une partie de la propriété soumise au droit de l'usufruitier, les intérêts de ce capital doivent rentrer dans sa jouissance.

Nous n'acceptons pas ce motif par la raison que le droit de jouir ne donnait pas à l'usufruitier le pouvoir d'abattre les arbres. Aux termes de l'article 592 l'usufruitier n'a même pas droit aux arbres brisés ou arrachés par accident, ou aux arbres morts !

Il a donc abusé ; et la doctrine de la Cour de Paris serait un encouragement donné à l'usufruitier malhonnête qui convertirait des arbres qui ne lui rapportent presque rien en un capital dont il toucherait les intérêts.

Le propriétaire pouvait demander la déchéance pour abus de jouissance (618) ; *a fortiori* peut-il demander les réparations, c'est-à-dire ici le paiement immédiat d'une indemnitérep résentant : 1° La valeur vénale du bois qu'il a abattu ; 2° Le montant du préjudice qui peut en outre résulter de la détérioration c'est-à-dire la moins-value de la propriété (Caen, 31 janvier 1839. 2e Chambre. Demolombe, 410 bis).

A la fin de l'usufruit, l'usufruitier rendant la chose doit la rendre en bon état, donc il est tenu des réparations alors nécessaires dont la cause est contemporaine de sa jouissance.

L'usufruitier en abandonnant son droit peut s'affranchir de l'obligation aux réparations à venir.

Peut-il s'en affranchir pour le passé c'est-à-dire pour celles dont la cause est contemporaine de sa jouissance?

On a distingué en droit romain et dans l'ancien droit les réparatinns ayant pour cause la faute de l'usufruitier ou de ceux dont il répond, et les réparations provenant du cours naturel des choses et des cas fortuits.

Les premières, l'usufruitier ne s'en décharge pas en renonçant à son droit. Et ici tout le monde est d'accord ; le droit nouveau consacre l'ancien droit et le droit romain (ch. ll. 48, 64, 65, D. VII, I).

Les secondes, l'usufruitier s'en décharge en renonçant à son droit. Mais ici des sous-distinctions ont été proposées dont voici les principales :

Pothier dit : « Cet abandon auquel est reçu un usufruitier pour décharger des réparations survenues pendant le temps de sa jouissance, doit s'entendre de l'abandon de son usufruit ; non seulement pour l'avenir, mais pour le passé, c'est-à-dire qu'il doit compter des fruits qu'il a perçus, les réparations qui se trouvent à faire en étant des charges. »

De même Proudhon (T. V, n° 2191).

Delvincourt n'admet pas la nécessité d'une restitution de fruits, c'est conforme à la loi romaine (T. I, p. 150, note 7).

Duranton est d'un avis intermédiaire. « L'usufruitier ne devrait pas être tenu de restituer dans tous les cas tous les fruits qu'il a perçus, mais seulement ceux qu'il a retirés de la chose depuis que les réparations, dont il veut maintenant s'affranchir, sont devenues nécessaires ; les autres fruits lui sont acquis sans charges, puisque, on le suppose, il n'y avait point encore lieu à ces réparations (T. IV, n° 623). Ce système est également suivi par Demante (T. III, n° 449 bis).

Demolombe rejette la première distinction elle-même entre les réparations survenues par la faute de l'usufruitier, et celles survenues par cas fortuit. De ces dernières elles-mêmes, suivant lui, l'usufruitier ne peut se décharger en renonçant à son droit. Voici le résumé de ses considérations.

Notre Code n'a pas reproduit la loi romaine, contraire d'ailleurs aux véritables principes.

L'article 605 dit que l'usufruitier est tenu des réparations d'entretien c'est-à-dire définitivement et non provisoirement sous réserve de sa renonciation à son droit.

Demolombe nie ensuite que l'usufruitier en restituant les fruits par lui perçus *in prœteritum*, puisse détruire ainsi la cause de son obligation personnelle aux réparations d'entretien, et cela par deux motifs :

« 1° En droit, parce que ce serait là une condition purement potestative de sa part, et qu'il est contraire à toutes les règles que l'une des parties puisse, à son gré, se dégager, *post eventum* des obligations qu'elle a personnellement contractées envers l'autre.

« 2° En raison, en équité, parce que les choses ne peuvent pas être remises au même état que si l'usufruit n'avait pas existé ; parce que l'usufruitier, alors même qu'il restituerait les fruits, ne pourrait pas faire qu'il n'eût pas eu la possession de la chose, ses agréments et ses autres avantages. »

Si le propriétaire fait une grosse réparation, peut-il faire contribuer l'usufruitier à la dépense ?

Pour soutenir l'affirmative, on invoque l'article 609 qui dit qu'à l'égard des charges qui peuvent être imposées sur la propriété pendant la durée de l'usufruit, le propriétaire est obligé de les payer et que l'usufruitier doit lui tenir compte des intérêts. On fait rentrer dans cette catégorie les grosses réparations que le propriétaire a faites.

On dit aussi que le propriétaire, pour prévenir la destruction de sa chose, pour une grosse réparation, pourrait emprunter en hypothéquant, vendre une partie de son fonds, ce qui priverait l'usufruitier d'une partie de ses revenus. Qu'importe donc qu'il ait lui-même la somme entre les mains ? L'usufruitier n'en doit pas moins supporter une contribution équivalant aux intérêts de la somme. Si nous supposons une femme qui répare un de ses immeubles dotaux avec ses deniers paraphernaux, ne dirons-nous pas qu'elle aura droit de demander compte des intérêts de la somme employée au mari usufruitier de la dot (Marcadé, t. II, art. 605-607, n° 2)?

L'opinion contraire nous semble bien plus en harmonie avec les principes.

Nous avons d'ailleurs pour nous l'autorité de Pothier qui tranche ainsi la controverse (*Donations entre mari et femme*, 239). « Nonobstant ces raisons, on doit décider pour la négative. On ne doit pas imposer à l'usufruitier plus de charges que la loi ne lui en a imposé. La loi ayant chargé l'usufruitier des réparations viagères seulement, il ne doit être en aucune manière chargé des grosses: le propriétaire ne peut donc être fondé à exiger de lui l'intérêt de la somme qu'elles ont coûté. »

Pothier décide même en disant cela que le propriétaire ne pourrait rien demander à l'usufruitier même seulement jusqu'à concurrence « de ce que ces réparations augmentent sa jouissance. »

Les principes d'ailleurs commandent la solution de Pothier, nos adversaires confondent, en effet volontairement, les charges dont parle l'article 609 et celles dont parle l'article 605. Or 609 est étranger aux réparations, d'abord parce que les réparations ne sont pas au nombre des charges extraordinaires qui peuvent être imposées sur la propriété « et surtout parce que ces réparations sont l'objet de dispositions spéciales d'où il est logique de tirer la solution de la question (605-607).

Que dit l'article 605 ? Que les grosses réparations demeurent à la charge du propriétaire. Or, ce serait les mettre dans une certaine mesure à la charge de l'usufruitier que de le faire contribuer pour les intérêts de la somme employée.

Que dit l'article 607, avec le seul sens qu'on puisse lui trouver ? Que ni le propriétaire, ni l'usufruitier ne sont tenus de faire les grosses réparations. Donc si le propriétaire les a faites, l'usufruitier ne doit être tenu d'y contribuer en aucune mesure.

La loi ne considère donc pas les grosses réparations comme les charges qui pèsent sur la propriété, c'est-à-dire comme une charge commune qui pèse sur l'un pour la jouissance et sur l'autre pour le fonds.

Sed si hœres refecerit, passurum fructuarium uti, disait Ulpien (l. 7, § 2, P. VII, 1), mais il n'ajoutait pas que le propriétaire eût droit d'exiger de l'usufruitier aucune indemnité (Demolombe, 596, Caen, 2e chambre 11 mars 1818).

Si le propriétaire a fait une réparation d'entretien, il a un recours contre l'usufruitier, comme toute autre personne d'ailleurs, d'après les principes de la gestion d'affaires.

Il est évident que l'usufruitier faisant les réparations d'entretien, y étant tenu, ne peut y faire contribuer le propriétaire.

Quid s'il a fait une grosse réparation ? Est-il fondé à demander compte de la dépense au propriétaire.

S'il est vrai, dit-on pour la négative, que le propriétaire soit libre pendant l'existence de l'usufruit, comme il l'était auparavant de ne pas réparer, l'usufruitier ne doit pas pouvoir, même après l'extinction de l'usufruit, l'obliger à lui tenir compte de la dépense, parce que ce serait l'obliger indirectement à réparer. Il impliquerait contradiction que le propriétaire eût à tenir compte d'une dépense qu'il n'est pas obligé de faire.

D'ailleurs, ajoute-t-on, l'article 599 porte que l'usufruitier ne peut à la cessation de l'usufruit, réclamer aucune indemnité pour les améliorations qu'il prétendrait avoir faites, encore que la valeur de la chose en fût augmentée (Culon. quest. de droit, T. 1, n° 267. Bourges, 13 juin 1843).

Nous disons que le premier argument ne porte point parce que, en vertu même du principe de la gestion d'affaires, quelqu'un qui n'était pas tenu de réparer, peut très bien se trouver obligé envers le gérant qui a fait son affaire.

C'est donc dans la nature et l'efficacité même de ce qui aura été fait par l'usufruitier qu'il faudra trouver le principe d'une obligation du propriétaire.

Nous nions d'abord que la grosse réparation soit assimilable à la simple amélioration. La distinction est même nettement faite par un grand nombre d'articles du Code (861, 862, 1381, 1634, 1635, 2175). L'article 599 peut donc très bien ne pas s'appliquer à notre hypothèse où il s'agit d'une dépense nécessaire dans le principe, qui par conséquent a conservé la chose, dont l'utilité subsiste encore à la fin de l'usufruit, et par laquelle l'usufruitier a en définitive fait l'affaire du propriétaire (cf. l. 7, C. III, XXXII). « *Proinde si quid ultra quam impendi debeat, erogatum potes docere, solenniter reposces.* »

Nous nous réglons donc sur les principes de la gestion d'affaires. C'est dire que nous n'admettrions pas que l'usufruitier eût droit à une indemnité toujours et dans tous les cas. Il faudra que la grosse réparation ait profité au nu-propriétaire (Demolombe, 591. Toulouse, 9 février 1865).

A quelle époque exercera-t-il son recours ?

Nous avons dit que quelqu'un qui n'est pas tenu de réparer peut très bien se trouver obligé envers le gérant qui a fait son affaire mais nous concilions ces principes avec notre doctrine que le nu-propriétaire ne peut pas être tenu aux grosses réparations en n'accordant pas un recours immédiat à l'usufruitier dans notre hypothèse ; mais seulement à l'extinction de l'usufruit ceux qui pensent que le nu-propriétaire est tenu des grosses réparations ne font naturellement aucune difficulté d'accorder à l'usufruitier un recours immédiat.

L'usufruitier aura-t-il droit au montant de la dépense ou seulement au montant de la plus-value résultant des travaux ?

Des auteurs accordent l'indemnité pour le montant de la dépense. Proudhon dit qu'il est évident qu'à la fin de l'usufruit l'usufruitier aura droit au remboursement intégral de tout ce qu'il a dû raisonnablement dépenser pour faire exécuter les grosses réparations (t. IV, n° 1694. Colmar, 18 mars 1853).

Nous sommes partisan de l'opinion qui n'accorde à l'usufruitier que le droit de réclamer le montant de la plus-value. Vous dites pourtant, nous objectera-t-on, que vous fondez le recours de l'usufruitier sur le principe de la gestion d'affaires ; or un propriétaire quelconque vis-à-vis d'un tiers quelconque qui aura fait de grosses réparations sur sa chose, lui devrait la somme elle-même dépensée car il s'est enrichi d'autant.

Sans doute, mais *pour fonder le recours de l'usufruitier* sur le principe de la gestion d'affaires, nous n'oublions pas pour cela les principes mêmes de la matière. Or la solution contraire aboutirait en définitive à admettre que le propriétaire est tenu de faire la réparation pour l'avantage même de l'usufruitier, décision que nous avons démontrée contraire aux principes et aux textes. Tout se bornerait alors en effet pour l'usufruitier à une simple avance. L'indemnité doit donc avoir pour base l'utilité que le propriétaire retire de la dépense. Le propriétaire devra donc rembourser une somme égale à celle dont le fonds aura augmenté de valeur à la fin de l'usufruit, mais si par hasard il a intérêt à rembourser le montant de la dépense, il peut le faire (Demolombe 593. Duvergier sur Toullier t. III, n° 444, note *a*).

REMPLACEMENT PAR LE CROIT DES TÊTES PÉRIES D'UN TROUPEAU.

Nous serons bref sur ce point que nous avons traité assez longuement en droit romain.

L'article 616 porte : « si le troupeau sur lequel un usufruit a été établi, périt entièrement par accident ou par maladie et sans la faute de l'usufruitier, celui-ci n'est tenu envers le propriétaire que de lui rendre compte des cuirs ou de leur valeur.

Si le troupeau ne périt pas entièrement, l'usufruitier est tenu de remplacer jusqu'à concurrence du croît les têtes des animaux qui ont péri.

Nous ne nous poserons qu'une question que nous avons eu quelque peine à résoudre en droit romain.

Si au moment des naissances le troupeau est au complet mais qu'ensuite il s'opère des vides, est-ce avec le croît à venir seulement qu'il est tenu de les combler, ou bien doit-il prendre à cet effet même sur le croît né antérieurement, à tel point que s'il l'avait consommé ou aliéné, il dût se procurer d'autres têtes pour compléter le troupeau? Nous distinguons nettement le croît né le troupeau étant au complet, comme c'est notre hypothèse, et le croît né, le troupeau ayant des vides. Dans le second cas le croît n'est pas fruit en totalité, il ne l'est que pour ce qui en restera après que l'usufruitier aura employé un nombre suffisant de têtes pour combler les vides. C'est donc cet excédant seul qui sera pour lui (cf. l. 10, § 3, D.). Dans le premier cas qui est le nôtre, le croît est au contraire fruit en totalité et par conséquent dès l'instant même acquis à l'usufruitier, et alors même qu'au moment où des vides se font dans le troupeau, il se trouverait encore dans le patrimoine de l'usufruitier, il ne pourrait toujours plus être considéré comme une portion du troupeau.

Le remplacement des bêtes mortes, dit-on dans l'opinion contraire, n'est pour le troupeau qu'une réparation d'entretien ; or, aux réparations d'entretien, l'usufruitier doit employer non-seulement le produit des jouissances futures, mais encore celui des jouissances perçues. Cet argument ne tient pas compte de la différence de la nature des choses. Un troupeau s'entretient de lui-même à l'aide du croît ; c'est là le fait naturel que consacre la loi en obligeant l'usufruitier à laisser dans le troupeau, à mesure des naissances, le nombre des jeunes têtes nécessaires pour le tenir au complet. Pour les autres choses, pareil mode d'entretien étant impossible, on oblige l'usufruitier à entretenir la chose à ses frais. Il n'y a donc point alors à se préoccuper des fruits qu'il peut en retirer avant ou après les réparations.

Notre système est conforme à l'article 616 qui dit que l'usufruitier est tenu de remplacer « jusqu'à concurrence du croît. » Il s'agit du croît en nature évidemment ; or, cette obligation de remplacement en nature est impossible à remplir avec le croît qu'il a vendu ; car les nouvelles têtes qu'il achèterait, ne seraient pas le croît du troupeau lui-même.

Signalons en terminant sur ce point une doctrine dont l'inconséquence est évidente. Elle voudrait que l'usufruitier qui a aliéné le croît, tout en n'étant pas obligé de se procurer d'autres têtes pour compléter le troupeau, fût tenu d'employer à cet effet les jeunes têtes qu'il a encore à sa disposition au moment où s'opèrent des vides.

IV. — *Acquitter les charges des fruits.*

1° Charges annuelles grevant les revenus.

L'article 608 porte : « L'usufruitier est tenu pendant sa jouissance de toutes les charges annuelles de l'héritage, telles que les contributions et autres qui dans l'usage sont censées charges des fruits. »

Ayant en effet seul droit aux émoluments de la jouissance, il est juste qu'il supporte les diverses charges qui s'acquittent ou sont censées s'acquitter sur les revenus.

L'article 608 cite les contributions.

L'usufruitier doit également supporter :

1° Les centimes additionnels qui constituent un impôt dû au département ou à la commune.

L'usufruitier en serait tenu alors même que la charge ne serait pas permanente : tels sont les centimes additionnels imposés dans des circonstances extraordinaires, qui ne sont en réalité qu'une augmentation de l'impôt ordinaire, et qui par conséquent sont réglés par l'article 608 et non par l'article 609. C'est ainsi que l'usufruitier a dû payer l'imposition extraordinaire de 45 centimes par franc, établie par le décret du 16 mars 1848 sur les quatre contributions directes. (Seine, tribunal civil, 7 juin 1856). Il n'y a qu'une condition requise pour que les charges publiques soient supportées par l'usufruitier, c'est qu'elles soient imposés sur le revenu. Demante toutefois est d'un avis contraire et considère l'imposition de 45 centimes comme une charge extraordinaire régie par l'article 609. Pothier (Douaire 230) fait supporter par l'usufruitier les dixièmes, les vingtièmes, et autres impositions de pareille nature (cf. l. 28, D. XXXIII, II).

2° Une redevance pour concession emphytéotique ou pour bail à long terme (cf. l. 7, § 2, D. VII. I).

3° Une rente ou pension qui d'après le titre qui l'a établie devrait se prendre sur la chose grevée d'usufruit. La rente est en effet une charge du revenu. Peu importe que la rente fût déjà établie avant l'usufruit ou l'ait été en même temps ; peu importe que la rente et l'usufruit aient été établis par le même constituant, par exemple par un testateur qui lègue la rente à une personne et l'usufruit à une autre, ou bien par deux constituants distincts, comme si le propriétaire qui constitue un usufruitier sur un fonds était tenu lui-même d'une rente sur ce fonds.

4° La redevance annuelle due par celui qui exploite une mine au propriétaire de la surface; car elle représente une portion des produits de la mine (l. 21 avril 1810).

Nous avons dit que l'usufruitier devait les centimes additionnels extraordinaires comme étant néanmoins charges du reveuu. Il faut en dire autant de toutes les autres charges publiques, qui sont considérées comme une dette de la jouissance, quoiqu'elles ne soient pas d'ailleurs précisément annuelles et périodiques. L'article 608 ne parle, il est vrai, que de charges annuelles. Mais ce n'est que parce que c'est le *plerumque fit*. C'est leur caractère de charges de fruits qui les met au compte de l'usufruitier; cela nous conduit à dire que l'usufruitier devrait les réquisitions en nature frappées par un corps d'armée à son passage (L. 27 § 3. D. VII, I).

Les lois du 10 juillet 1791, article 5 et du 21 mai 1836 article 3 mettent le logement militaire et les prestations pour l'entretien des chemins vicinaux à la charge de tout habitant. Il n'y a donc pas à rechercher à ce sujet si on habite à titre d'usufruitier ou à tout autre titre.

L'usufruitier est-il tenu de ces charges *ultra vires* au-delà de son émolument ?

Suivant Prondhon (1820-1822), certaines charges seraient naturelles et intrinsèques, par exemple les réparations usufructuaires, les contributions, et généralement tout ce que la loi considère comme charge des fruits. Celles-là, l'usufruitier devrait les supporter en totalité, alors même qu'elles excéderaient le revenu des biens. D'autres charges seraient accidentelles et extrinsèques, telles sont les pensions viagères et autres prestations périodiques que le testateur aurait léguées à d'autres personnes. Celles-là, l'usufruitier n'en serait tenu que jusqu'à concurrence du revenu qu'il perçoit.

Demolombe appuie cette distinction de Proudhon par les considérations suivantes (605) :

En général on ne doit pas présumer que le testateur a voulu constituer son légataire en perte et qu'il lui a imposé une charge supérieure à l'avantage qu'il lui conférait.

L'article 610 qui décide que le legs fait par un testateur d'une rente viagère ou d'une pension alimentaire, doit être acquitté par le légataire universel de l'usufruit dans son intégrité et par le légataire à titre universel de l'usufruit dans la proportion de sa jouissance, sans aucune répétition de leur part, l'article 610 est étranger à la question de savoir si l'usufruitier doit acquitter ces sortes de legs *ultra vires emolumenti*.

Demolombe est donc d'avis que les charges accidentelles et extrinsèques ne soient pas supportées par l'usufruitier au-delà de ses revenus.

« Nous penserions donc, conclut-il, qu'il lui suffirait en général de servir les annuités léguées jusqu'à concurrence seulement des revenus et qu'on ne pourrait pas, comme dit très bien Proudhon, le mettre dans cette dure alternative de les acquitter intégralement ou de renoncer à son droit d'usufruit, qui pourrait, par la suite devenir utile pour lui dans le cas où les legs annuels ou viagers, dont les biens de la succession seraient grevés viendraient à s'étenidre avant la cessation de sa jouissance. »

Demolombe est pourtant plus réservé que Proudhon quand il dit que cela se passerait « en général » et qu'il faudrait bien s'inspirer « des circonstances de l'espècé. »

Nous rejetons la distinction arbitraire de Proudhon et les réserves de Demolombe qui tendraient à convertir en une pure question de fait ce qui est pour nous une véritable question de droit.

La distinction en charges naturelles et intrinsèques et charges accidentelles et extrinsèques est arbitraire. Toutes sont charges de l'usufruit et placées sur la même ligne.

Autre chose sont les dettes, autre chose les charges.

L'usufruitier d'une chose déterminée ne contribue jamais aux dettes et pourtant il supporte les charges publiques de l'article 608 et celles imposées par le titre constitutif. Libre à lui de ne pas accepter l'usufruit, libre à lui d'y renoncer s'il trouve le fardeau trop lourd, mais tant qu'il est usufruitier il doit le supporter.

L'article 608 porte que l'usufruitier est tenu « pendant sa jouissance. » Ces charges ne lui incombent donc qu'autant qu'elles correspondent au temps de sa jouissance. Il y a corrélation entre les fruits actifs et les fruits passifs. Aussi pour les fruits civils, de même qu'il perçoit ceux-ci jour par jour, de même il doit les charges correspondantes jour par jour. Il y a un diétisme passif corrélatif au diétisme actif.

On peut conclure de là qu'il pourra se produire telle circonstance où l'usufruitier supportera les contributions sans avoir recueilli les fruits, ou réciproquement recueillera tous les fruits et supportera très-peu de contributions, chances qui font de l'usufruit un droit aléatoire. Ainsi il doit les contributions la première et la dernière année de sa jouissance en proportion du temps pendant lequel son droit aura duré dans le cours de l'une et l'autre année, et ce, alors même que les fruits de ces années seraient recueillis par le propriétaire. La réciproque pourrait se produire également. S'il y a un bois de haute futaie dans son usufruit, il devra acquitter l'impôt foncier pendant toute la durée de son droit, bien qu'il ne puisse pas y faire une coupe.

2° *Charges qui pèsent sur la toute propriété.*

L'article 609 porte :

« A l'égard des charges qui peuvent être imposées sur la propriété pendant la durée de l'usufruit, l'usufruitier et le propriétaire y contribuent ainsi qu'il suit :

Le propriétaire est obligé de les payer, et l'usufruitier doit lui tenir compte des intérêts.

Si elles sont avancées par l'usufruitier, il a la répétition du capital à la fin de l'usufruit.

Ce mode de contribution imposée par la loi est très logique. Et en effet quel résultat produirait la vente de la chose, si la dette n'était acquittée en argent. « La perte de la jouissance pour l'usufruitier, de la nue-propriété pour le propriétaire. C'est bien le résultat que consacre l'article 609, quel que soit l'un des deux modes indiqués par lui que l'on emploie : perte du capital par le nu-propriétaire, perte des intérêts par l'usufruitier.

L'usufruitier est déclaré débiteur des charges annuelles par l'article 608.

L'article 609 déclare le propriétaire débiteur des charges qui pèsent sur la toute propriété, bien que l'usufruitier doive y contribuer. Donc c'est le propriétaire qui est inscrit au rôle des contribuables, c'est lui qui doit payer.

Si l'usufruitier n'avance pas le capital nécessaire pour acquitter la charge, le propriétaire peut-il, comme au cas de l'article 612, faire vendre jusqu'à due concurrence une partie du bien grevé d'usufruit ?

On pourrait soutenir que le mode de contribution entre l'usufruitier et le nu-propriétaire doit être réglé de la même manière dans les deux hypothèses prévues par les articles 609 et 612. Delvincourt dit qu'il faut compléter l'article 609 par l'article 612, de telle sorte que si le capital n'est avancé ni par le nu-propriétaire, ni par l'usufruitier, le nu-propriétaire doit avoir la faculté de vendre, jusqu'à due concurrence une partie du bien sujet à usufruit.

On ajoute que de droit commun un débiteur peut, pour désintéresser ses créanciers, prévenir par une vente volontaire la vente forcée qu'ils auraient le droit de provoquer. Il suffit donc que le Code ne refuse pas cette faculté au propriétaire dans l'espèce de l'article 609 pour qu'elle lui appartienne. N'a-t-on pas d'ailleurs, pour lui laisser cette faculté, les mêmes raisons que dans l'espèce de l'article 612 ?

C'est ce que nous nions, en refusant au propriétaire la faculté de l'article 612.

D'abord la différence de rédaction des articles 609 et 612 est frappante.

Et ensuite nous nions qu'on doive nécessairement assimiler la contribution aux charges à la contribution aux dettes.

Proudhon dit très bien : « Les charges imposées sur la propriété sont naturellement moins considérables que les dettes d'une succession et ne doivent pas communément placer le maître dans la nécessité de vendre ; elles sont en outre spéciales sur chaque fonds qui en est grevé ; si donc la vente était également permise, elle opérerait un morcellement plus dommageable.

De plus à ces considérations surtout de fait nous pouvons ajouter des considérations de droit.

Les dettes sont une charge de la personne ; l'usufruitier les doit, quant aux intérêts, au même titre que le propriétaire, quant au capital.

Les charges sont imposées au fonds, au capital, c'est le propriétaire qui est débiteur, sauf son recours contre l'usufruitier pour les intérêts. C'est lui qui doit payer sur ses propres biens c'est-à-dire sur sa nue-propriété. La jouissance au contraire est un droit de l'usufruitier ; et le propriétaire ne doit pas pouvoir provoquer la vente d'un droit qui ne lui appartient pas, l'usufruitier n'étant pas au même titre que lui constitué par la loi débiteur des charges qui pèsent sur toute la propriété.

M. Demolombe qui hésite entre les arguments graves que produit chacune des doctrines, finit par dire qu'on sera bien obligé d'arriver à la vente d'une partie du bien grevé d'usufruit, si le nu-propriétaire est dénué de toute ressource et si l'usufruitier ne veut pas faire l'avance.

Nous ne croyons pas que cette conclusion s'impose, et que le juge puisse suppléer au silence de la loi dans cette question si grave : Le nu-propriétaire peut-il vendre ce qui ne lui appartient pas, c'est-à-dire l'usufruit ? ce n'est pas là le droit commun, comme le disent nos adversaires, consistant à prévenir par une vente volontaire la vente forcée que provoqueraient les créanciers non désintéressés. Le droit commun consisterait à vendre volontairement ses biens, mais non le bien d'autrui.

Mais lorsque la loi parle, il est évident que la vente est permise.

La loi parle dans l'article 612 que nous étudierons plus loin. La loi parle dans l'article 21 de la loi du 16 septembre 1807 relative au dessèchement des marais qui permet aux propriétaires de se libérer de l'indemnité par eux due aux concessionnaires, en délaissant une portion relative du fonds, calculée sur le pied de la dernière estimation ; et il n'est pas douteux que cette faculté d'abandon appartiendrait également au nu-propriétaire du bien grevé d'usufruit.

Quelles sont les charges qui portent sur la propriété ? Ce sont des charges qui a raison des circonstances, de leur importance, de leur but, ne peuvent être réputées porter sur les revenus. En voici des exemples :

1° Charges d'intérêt public.

Les contributions de sommes capitales qui seraient imposées sur les propriétés par quelque acte de l'autorité pour des besoins extraordinaires de l'État, du département ou de la commune, tel qu'un emprunt forcé. L'imposition du revenu ne suffirait pas dans ce cas à l'État pour faire face à ses besoins. Les centimes additionnels pourront être soit charge des revenus, comme nous l'avons vu, régie par l'article 608, soit charge du capital, régie par l'article 609.

Les condamnations prononcées contre une commune en vertu de la loi du 10 vendémiaire an IV.

Les contributions de guerre en argent.

L'obligation qui serait imposée par l'autorité municipale de construire dans chaque maison d'habitation des latrines, un égout ou conduit pour les eaux pluviales ou ménagères.

L'indemnité à payer aux entrepreneurs pour travaux de dessèchement de marais ordonnés par le gouvernement, pour ouverture de canaux, de routes, pour construction de digues ou tous autres ouvrages destinés à retenir les eaux, à arrêter une inondation de mines (l. 14 floréal an II, 16 septembre 1807, décr. 15 mai 1813). Au cas de desséchement de marais, on peut se libérer, soit en remboursant le prix des travaux, remboursement qui serait l'application de l'article 609, soit en constituant une rente à 4 pour 100 ce qui établirait une charge annuelle régie par l'article 608, soit en abandonnant une partie proportionnelle du fonds.

2° Charges d'intérêt privé.

Les charges pesant sur la toute propriété peuvent n'avoir pas été imposées par l'autorité publique.

Elles seront entre autres charges ayant pour cause des impenses faites pour la choses.

L'indemnité due pour accession mobilière (566).

Le remboursement dû à un possesseur évincé pour constructions, plantations et ouvrages (555).

Le prix d'acquisition de la mitoyenneté d'un mur.

Quid du droit de mutation pour cause de décès que le nu-propriétaire peut être obligé de payer soit au commencement, soit pendant la durée de l'usufruit ?

Il reste entièrement à la charge de l'héritier ; et si l'usufruitier paie, nous n'appliquerons pas l'article 609 qui ne lui donne un recours qu'à la fin de l'usufruit ; mais il aura un recours immédiat.

La solution contraire enseignée par Voët (au Digeste *de usuf.* n° 38) est absolument inadmissible sous l'empire de notre droit et personne ne la défend plus aujourd'hui.

Et en effet :

Le droit de mutation par décès n'est pas une charge imposée sur la propriété même dans le sens de l'article 609, c'est-à-dire altérant également la valeur de la nue-propriété et de l'usufruit. Il y a ici une dette exclusive du propriétaire ; la preuve en est que l'usufruitier paie un autre droit personnel de mutation pour l'acquisition de son usufruit.

C'est une dette purement personnelle des héritiers, à raison de la mutation de propriété qui s'opère en leur faveur par le décès de la personne à laquelle ils succèdent, comme cela ressort clairement de la loi du 22 frimaire an VII.

Et en effet les articles 4, 32 et 69 de la loi du 22 frimaire an VII ont établi un double droit d'enregistrement, l'un pour la mutation de propriété, l'autre pour la mutation d'usufruit, dans le cas où il y a eu, de la part du défunt, un don de l'usufruit des biens de sa succession et il résulte de ces articles que le droit dû pour la mutation de propriété est à la charge des héritiers, et le droit dû pour la mutation de l'usufruit à la charge de l'usufruitier.

On objecterait vainement l'article 32 de la loi qui porte que la nation aura action sur les revenus des biens à déclarer, en quelques mains qu'ils se trouvent, pour le paiement des droits dont il faudrait poursuivre le recouvrement. Mais si cela veut dire que l'usufruitier peut être poursuivi en vue d'accélérer le paiement des droits, cela ne veut pas dire que l'usufruitier n'aurait un recours qu'à la fin de l'usufruit et pour le capital seulement.

La solution n'est donc aucunement douteuse (Cass. 3 avril 1866).

Mais *quid* des charges purement réelles du fonds soumis à l'usufruit? Par exemple des dettes pour la garantie desquelles le fonds est grevé d'un privilège ou d'une hypothèque, sans qu'il y ait une obligation personnelle à la charge du nu-propriétaire?

L'usufruitier paie comme tiers détenteur; il a certainement un recours contre le débiteur principal (1351, 3°). Mais que faut-il décider si le débiteur personnel ne paie pas? Il reste alors une charge réelle dont le fonds était tenu, et par conséquent le propriétaire. Dès lors si l'usufruitier a payé il aura son recours contre le nu-propriétaire pour le capital à la fin de l'usufruit. Si le nu-propriétaire a payé, il a son recours immédiat contre l'usufruitier pour les intérêts que celui-ci doit supporter pendant la durée de l'usufruit.

Quid des rentes dites foncières? Dans l'ancien droit, elles constituaient une charge réelle qui devait être acquittée par l'usufruitier, comme détenteur du fonds, et sans répétition aucune contre le débiteur, car c'est le fonds qui était débiteur. Aujourd'hui il est certain qu'en vertu de l'article 530, les rentes foncières ont cessé d'être une charge réelle dans le sens absolu de l'ancien droit; ce n'est le plus fonds qui doit, c'est le débiteur personnel de la rente, donc la rente est réglée par les principes exposés au paragraphe précédent, si nous supposons que ce n'est pas le nu-propriétaire qui est débiteur personnel de la rente, mais un tiers, d'où recours immédiat contre le tiers, si le tiers ne paie pas, recours pour le capital contre le nu-propriétaire à la fin de l'usufruit (Aubry et Rau, t. II, p. 501).

L'usufruitier, dit l'article 609, contribue aux charges qui peuvent être imposées sur la propriété « pendant la durée de l'usufruit. »

Comment interpréter ces mots?

Faut-il dire que l'usufruitier ne contribue à ces charges que si elles ont été établies pendant sa jouissance, de sorte que si la contribution avait été frappée avant l'ouverture de l'usufruit, l'usufruitier n'y contribuerait pas, quand même le paiement ne devrait se faire que pendant la durée de sa jouissance?

Non, personne ne le soutient. Et il faut dire avec Proudhon que ces mots « pendant la durée de l'usufruit » se rapportent non pas précisément à la cause de la charge ni même à la date de son établissement, mais à l'époque de l'échéance et de l'exigibilité (Proudhon IV, 1860, 1861). Les impôts sont dus, non du jour où ils sont imposés, mais du jour où ils sont payables.

Cependant quelques auteurs trouvent cette règle trop absolue, et font dépendre la solution des circonstances et de l'intention présumable du constituant. Nous préférons la règle absolue qui nous paraît tout à fait conforme aux principes.

IV. — Supporter les intérêts des dettes du patrimoine grevé d'usufruit, lorsque l'usufruit est universel ou à titre universel.

L'article 612 porte « l'usufruitier ou universel ou à titre universel doit contribuer avec le propriétaire au paiement des dettes ainsi qu'il suit.

L'article 611 porte : l'usufruitier à titre particulier n'est pas tenu des dettes auxquelles le fonds.....

Les dettes qui grèvent un patrimoine sont à la charge des acquéreurs de l'universalité ou d'une quote part et non à la charge des acquéreurs d'objets particuliers.

Or l'usufruit porte sur des objets déterminés ou sur une universalité. Il est donc particulier ou universel.

Mais la division des legs, en legs universels, à titre universel et particuliers, est étrangère aux legs d'usufruit.

Tout legs d'usufruit est un legs particulier, car il ne rentre pas dans la définition que donne la loi des legs universels ou à titre universel. Telle est la théorie.

DE L'USUFRUITIER A TITRE PARTICULIER.

L'usufruitier à titre particulier, dit l'article 611 n'est pas tenu des dettes auxquelles le fonds est hypothéqué ; s'il est forcé de les payer, il a son recours contre le propriétaire, sauf ce qui est dit à l'article 1020 au titre des donations entre-vifs et des testaments.

L'article 64 est en parfaite conformité avec l'article 1024 qui déclare que le légataire universel à titre particulier ne sera point tenu des dettes de la succession, sauf la réduction du legs et sauf l'action hypothécaire des créanciers.

L'usufruitier à titre particulier ne contribue donc en rien aux dettes, les dettes grevant le patrimoine étant à la charge des seuls acquéreurs d'une universalité ou d'une quote part. L'article 611 le dit formellement ; et cela résulte *a contrario* suffisamment de l'article 612 qui ne fait contribuer que l'usufruitier universel ou à titre universel.

L'article 611 parle des dettes auxquelles le fonds est hypothéqué, l'usufruitier n'est pas tenu de ces dettes. Cela ne veut pas dire qu'il soit davantage tenu des autres. La loi s'est expliquée sur l'hypothèque dont le caractère réel pouvait engendrer quelques doutes. Mais le détenteur d'un bien hypothéqué, en général, s'il peut être poursuivi en vertu du droit de suite, hypothécairement, ne doit pas pour supporter la dette en fin de compte. C'est le débiteur personnel qui définitivement doit supporter la dette. Ici la loi suppose que le débiteur personnel est le propriétaire. L'article 611 donne un recours contre le propriétaire à l'usufruitier qui a été forcé de payer. C'est le principe même de la subrogation consacré par l'article 1231, 3°. Le nu-propriétaire est débiteur ; l'usufruitier ayant dû payer pour lui, est subrogé au droit du créancier contre le débiteur.

Si le débiteur personnel était un autre que le nu-propriétaire il aurait le même recours contre ce tiers débiteur personnel. Nous lui avons même accordé dans ce second cas un recours contre le nu-propriétaire pour le capital à la fin de l'usufruit en vertu de l'article 609. Car il s'agit alors d'une charge réelle dont le fonds était tenu et par conséquent le propriétaire.

D'où cette différence entre les deux hypothèses : que l'usufruitier forcé de payer, le nu-propriétaire étant débiteur personnel, agira immédiatement contre lui en vertu de la subrogation de l'article 1251, 3° et de l'article 611.

Tandis que l'usufruitier forcé de payer, un tiers étant débiteur personnel, n'agira contre le propriétaire qu'à la fin de l'usufruit pour la répétition du capital, en vertu de l'article 609.

L'article 611 ajoute : « sauf ce qui est dit à l'article 1020 au titre des Donations entre vifs et des testaments. »

Le renvoi à l'article 1020 ferait supposer que cet article modifie 611 c'est-à-dire prévoit un cas où l'usufruitier actionné hypothécairement n'aurait pas de recours. Mais il n'en est rien. L'article 1020 dit une chose toute différente et il était bien inutile que l'article 611 signalât cette disposition. En effet l'article 1020 émet cette idée que l'héritier n'est pas tenu de décharger de l'hypothèque la chose léguée, à moins que le testateur ne l'ait expressément exigé de lui, comme il a le droit de le faire. Si le testateur use de cette faculté, et que l'héritier se conforme à sa volonté, il est clair qu'il n'y aura plus d'hypothèque, et partant, dans l'espèce de l'article 611, plus d'action contre l'usufruitier.

L'usufruitier à titre particulier, que l'usufruit soit constitué par legs ou autrement, est donc parfaitement assimilable au légataire à titre particulier.

Mais l'article 1024 auquel l'article 611 est conforme, contient ces expressions : « sauf la réduction du legs, ainsi qu'il est dit ci-dessus. »

Faut-il ajouter cette exception à l'exception formulée par l'article 611 relative à l'action hypothécaire ?

Evidemment. Le legs de l'usufruit est sujet à réduction aussi bien que le legs de la propriété. La réduction sera faite au marc le franc. Il s'agira toujours d'un legs particulier. Mais l'article 926 ne fait aucune distinction entre les legs universels et les legs particuliers. L'article 927 s'appliquerait. aussi qui dit le tel legs sera acquitté de préférence aux autres, dans tous les cas où le testateur l'aura expressément déclaré.

La solution semble évidente. Et pourtant la question fut portée devant la Cour de cassation le 28 février 1843, mais à cause surtout d'une difficulté qui se posait pour le mode de réduction. Le testateur avait légué la nue propriété à une personne et l'usufruit à une autre. Il fallait réduire. On prétendait qu'il fallait estimer à part la nue propriété et l'usufruit. et que pour estimer l'usufruit on devait considérer l'âge et la santé de l'usufruitier.

La cour rejeta ce système et elle appliqua par analogie l'article 612, dont nous parlerons plus loin. C'est considérer la réduction comme une *dette*. Mais quelles que soient les difficultés que puisse présenter le mode de réduction, le principe n'en est pas moins certain. La partie que l'on retranche était indisponible ; l'usufruitier subira une perte de jouissance, la propriété une perte de nue propriété. Or pour justifier le système de la Cour de cassation, ne peut-on pas dire que c'est le résultat auquel aboutit l'application de l'article 612 ?

Que le fonds dont l'usufruit particulier a été légué, soit hypothéqué à une dette ordinaire ou à une rente constituée, peu importe : il est évident que le légataire de l'usufruit n'est pas plus tenu personnellement d'acquitter les arrérages d'une rente constituée que les intérêts d'un capital.

Mais faut-il en dire autant de la rente qu'on appelait autrefois foncière ?

Nous avons déjà décidé que l'usufruitier qui en sa qualité de détenteur aurait été forcé de payer en cas de rente foncière aurait un recours immédiat contre le débiteur personnel de la rente qui dans notre hypothèse n'était pas le nu-propriétaire. Et si le débiteur personnel ne le rembourse pas, il aura, croyons-nous avec MM. Aubry et Rau (t. II p. 501 et note 92), la répétition du capital à la fin de l'usufruit contre le nu-propriétaire en vertu de l'article 609 qui n'oblige l'usufruitier à contribuer que pour les intérêts, qui seront ici les intérêts des arrérages mêmes de la rente. Il se dégage de notre doctrine que l'usufruitier n'est pas tenu des rentes foncières depuis qu'en vertu de l'article 530 les rentes foncières ont cessé d'être une charge réelle. Si nous faisons contribuer le nu-propriétaire au paiement de la rente, dans ce cas l'usufruitier n'offre pas le remboursement du tiers débiteur personnel, c'est qu'il était tenu comme possesseur de l'héritage hypothéqué. Il pourrait donc être exproprié, par conséquent l'usufruitier a réellement payé à son profit puisqu'il a prévenu l'expropriation et cette obligation qu'il a supportée définitivement est à tout prendre, une charge qui s'est trouvée imposée sur la propriété pendant la durée de l'usufruit.

Maintenant l'hypothèse est plus simple et la situation du nu-propriétaire plus nette. Il est en effet de débiteur personnel de la rente. C'est contre lui-même que l'usufruitier à titre particulier qui a payé aura un recours *immédiat* pour obtenir le remboursement, car il ne saurait être tenu d'acquitter les arrérages d'aucune rente même foncière, pas plus qu'il n'est tenu d'acquitter les dettes.

Cependant *Proudhon* enseigne que le légataire de l'usufruit doit être toujours tenu de servir les arrérages de la rente, quelle que soit l'époque de sa constitution, antérieure ou postérieure au droit nouveau de l'article 530 du Code civil. Il ajoute même que tout est erreur dans le système contraire (T. IV, n° 1834).

C'est le système de l'ancien droit (Pothier, Douaire 231) c'est ce que soutinrent Tronchet, Treilhard au Conseil d'État sur l'article 607, devenu l'article 611. Une telle rente, dirent-ils, est une charge de l'usufruit.

Mais l'article 530 qui est le dernier article du Code chronologiquement parlant a métamorphosé la rente foncière et de charge reelle en a fait une dette personnelle. Le fondement des systèmes anciens disparaît évidemment ; et l'opinion de Tronchet et de Treilhard n'a plus aucune autorité.

C'est pourquoi Zachariœ (t. II, p. 19) distingue entre les rentes créées avant la loi nouvelle qui a détruit l'ancien caractère des rentes foncières, et les rentes créées postérieurement. Il charge l'usufruitier de servir les arrérages des premières et le dispense de payer les arrérages des autres.

Nous n'admettons pas davantage cette distinction. La rente quelle que soit la cause de sa constitution, quelle que soit la date, est chez nous depuis la loi nouvelle une dette personnelle et mobilière. L'article 530 a détruit tout le système des dettes concomitantes de l'ancien droit, suivant l'immeuble lui-même et s'attachant alors en conséquence à l'usufruitier (Demolombe 528, Marcadé, 611).

II. — *De l'usufruitier universel et à titre universel*

Nous avons signalé la parfaite conformité qui existe entre la situation de l'usufruitier particulier et le légataire particulier relativement aux dettes ; conformité qui va jusqu'à l'identité lorsqu'il s'agit d'un usufruit particulier qui a été légué.

Nous avons dit aussi que la distinction entre legs survenus à titre universel, et à titre particulier était étrangère au legs d'usufruit, et qu'un usufruitier universel et à titre universel n'était jamais qu'un successeur à titre particulier théoriquement.

Il devrait s'ensuivre qu'il ne contribue pas aux dettes, comme le dit l'article 1084 du légataire à titre particulier.

Pourtant l'article 612 pose le principe contraire.

« L'usufruitier ou universel ou à titre universel doit contribuer avec le propriétaire au paiement des dettes. »

Sur quel fondement repose l'article 612? Et quelles conséquences tirer de ce qu'il constitue une exception à la position ordinaire des successeurs à titre particulier ?

Cette disposition de l'article 612 repose, dit-on, sur la maxime qu'il n'y a de biens dans un patrimoine que ce qui reste déduction faite des dettes : *bona intelliguntur cujusque quæ deducto œre alieno supersunt* (l. 39, § 1, D. 4, XVI).

D'où : l'usufruitier universel ou à titre universel ne peut jouir d'un actif plus considérable que celui que le testateur a laissé.

Mais cette proposition ne nous semble pas fournir une raison suffisante de l'article 612.

Et en effet ne pourrait-on pas dire de même que l'usufruitier particulier ne peut jouir d'un actif plus considérable que celui que le testateur a laissé ?

Et cependant la loi décide que l'usufruitier à titre particulier n'est pas tenu des dettes.

L'article 612 a donc un autre fondement, et c'est un fondement d'équité.

Et en effet ce n'est que par subtilité juridique qu'on dit qu'un légataire universel d'usufruit n'est qu'un légataire particulier. En effet, dit-on, il ne rentre pas dans la définition que fait la loi des legs universels et à titre universel. Mais si l'on va au fond des choses, on trouve que l'usufruitier prend tous les émoluments du patrimoine pendant toute la durée de sa jouissance. En fait donc il a les droits d'un sucesseur universel dans certaines limites. N'est-il pas juste que l'usufruitier ait alors les obligations d'un successeur universel dans les limites mêmes, c'est-à-dire dans les limites mêmes de sa jouissance.

Tel est le véritable fondement d'équité de l'article 612. Nous venons de repousser la subtilité du droit pour fonder l'article 612 sur l'équité. Mais nous tiendrons néanmoins compte de la position juridique de successeur à titre particulier qui est faite à l'usufruitier universel, du moment que nos conséquences ne blesseront pas l'équité.

L'article 612 est une exception apportée à la situation des successeurs à titre particulier qui ne contribuent pas aux dettes, puisqu'il y fait contribuer l'usufruitier universel, successeur à titre particulier.

Or une exception doit être interprétée strictement.

Or l'article 612 se borne à établir le règlement d'après lequel l'usufruitier universel ou à titre universel doit *contribuer* avec le propriétaire au paiement.

Nous croyons devoir en conclure que le droit de poursuite personnelle n'existe pas au profit du créancier contre le légataire d'usufruit, qui n'est jamais personnellement *tenu* du *capital* de la dette.

Le mot contribuer a un sens technique : il ne concerne pas les créanciers; si la loi déroge au principe que le successeur à titre particulier n'est jamais tenu des dettes, c'est uniquement dans les rapports de l'usufruitier avec le nu-propriétaire ; c'est uniquement une question de contribution.

Mais cette question est controversée et ceux qui admettent comme nous l'avons fait, que l'article 612 repose sur cette idée que l'usufruitier universel n'est pas en fait un successeur particulier poussent alors jusqu'à l'extrême les conséquences de leur interprétation. Ils veulent alors voir dans l'article 612 une dérogation absolue à la règle que le successeur à titre particulier n'est pas tenu des dettes, et ils rejettent le sens étroit et pourtant très rationnel que nous donnons au mot contribuer. Dans leur opinion l'usufruitier est tenu et c'est à leur avis une conséquence logique de la qualité de successeur universel que la loi lui reconnaît en le soumettant aux dettes quant aux intérêts (Laurent, VII, 23) (Caen, 30 juillet 1852).

Nous avons admis avec ces auteurs le fondement de l'article 612 consistant dans l'idée qu'en fait l'usufruitier universel n'est pas un successeur particulier, mais nous croyons qu'il faut interpréter strictement les dérogations aux principes et le mot contribuer a un sens technique indiscutable.

Les biens de la succession dont l'usufruit a été légué n'en continuent pas moins d'être le gage des créanciers qui peuvent faire saisir et vendre la pleine propriété, ayant le droit d'être payés avant les légataires. Mais les créanciers, comme le dit très bien Proudhon, ne seraient pas recevables à diriger leurs actions contre l'usufruitier universel ou à titre universel pour le faire saisir dans ses propres biens pour le remboursement des capitaux (T. II, n° 475-477, t. IV, n° 1892, Aubry et Rau (T. V, p. 380, note 16) Demolombe, 522) Bordeaux, 12 mars 1840).

L'usufruitier n'est donc tenu personnellement comme nous le verrons plus tard, qu'en ce qui concerne le paiement des intérêts, arrérages, ou annuités passives quelconques qui sont considérés comme charge des fruits.

L'article 611 après avoir posé le principe de la contribution de l'usufruitier universel ou à titre universel au paiement des dettes établit le mode de contribution.

Et d'abord il pose une règle générale :

« On estime la valeur du fonds, sujet à l'usufruit ; on fixe ensuite la contribution aux dettes à raison de cette valeur. »

Cette rédaction est doublement inexacte. D'abord aucune estimation n'est nécessaire pour fixer la contribution de l'usufruitier lorsque l'usufruit porte sur tons les biens ou sur une quote-part de tous les biens. L'usufruitier doit contribuer aux dettes en totalité dans le premier cas, en proportion de sa quote-part dans le second cas, comme l'exprime très bien l'article 610 pour une hypothèse particulière.

Ensuite la loi en disant que l'on estime la valeur du fonds sujet à usufruit a l'air de supposer que l'usufruit porte sur des fonds déterminés ; or dans ce cas l'usufruit serait à titre particulier et par suite l'usufruitier ne devrait pas contribuer au paiement des dettes.

Quand est-ce donc qu'une estimation est nécessaire? C'est lorsque l'usufruit porte sur tous les meubles, ou sur tous les immeubles, ou sur une quote-part soit des meubles, soit des immeubles. Alors en effet il devient nécessaire d'estimer la valeur des biens soumis à l'usufruit comparativement.

L'usufruitier est tenu des intérêts passifs à raison des fruits qu'il perçoit, donc dans la proportion que son legs présente avec le reste de l'hérédité. La base de l'estimation est donc la valeur comparée de la toute propriété des biens légués en usufruit et de celle des biens non compris dans l'usufruit.

La question de la base de l'estimation était très controversée dans l'ancien droit. Les rédacteurs du code ont écarté le système d'après lequel l'estimation devrait porter sur le droit d'usufruit lui-même, estimation nécessairement obligatoire. Ils ont consacré le système de d'Argentré qui proposait que l'on commençât par vendre les biens jusqu'à concurrence des dettes pour ne laisser à l'usufruitier que la jouissance du restant (sur l'article 218 de la coutume de Bretagne, gloss. 8 n°s 16, 17). Mais ils y ont ajouté la faculté soit pour l'usufruitier, soit pour le nu-propriétaire, d'éviter la vente des biens soumis à l'usufruit en faisant l'avance des sommes nécessaires au paiement des dettes (Riom 12 février 1830. Cass. 8 février 1843).

Après avoir établi la règle générale dont nous avons réformé la formule inexacte, l'article 612 pose les manières d'après lesquelles peut être fournie la constitution de l'usufruitier.

« Si l'usufruitier veut avancer la somme pour laquelle le fonds doit contribuer, le capital lui en est restitué à la fin de l'usufruit, sans aucun intérêt.

Si l'usufruitier ne veut pas faire cette avance, le propriétaire a le choix, ou de payer cette somme, et dans ce cas l'usufruitier lui tient compte des intérêts pendant la durée de l'usufruit, ou de faire vendre jusqu'à due concurrence une portion des biens soumis à l'usufruit. »

Donc trois moyens qui ont chacun pour résultat en fin de compte de faire perdre au propriétaire la propriété et à l'usufruitier la jouissance d'une portion de biens égale au montant de ce qui doit être payé aux créanciers.

Si l'usufruitier avance le capital, il se le fera restituer à la fin de l'usufruit sans aucun intérêt, d'où perte de la propriété pour le propriétaire, perte de la jouissance pour l'usufruitier.

Si le propriétaire paie la somme, l'usufruitier lui tient compte des intérêts pendant la durée de l'usufruit, d'où perte de la propriété pour le propriétaire et perte de la jouissance pour l'usufruitier.

Si le propriétaire fait vendre jusqu'à concurrence des dettes une portion des biens soumis à l'usufruit, cette vente fera perdre au propriétaire la propriété, et à l'usufruitier la jouissance des biens vendus.

L'usufruitier contribue donc pour les intérêts.

Cette contribution peut se présenter de trois manières :

I. — *Soit d'abord des dettes produisant les intérêts, tant qu'elles ne sont pas échues*. L'usufruitier est débiteur des intérêts.

Est-il tenu personnellement des intérêts envers les créanciers.

Nous avons dit qu'il n'y avait ni texte, ni raison de principe ou d'équité, qui autorise les créanciers à poursuivre directement le légataire de l'usufruit comme leur débiteur personnel en ce qui concerne les capitaux, dont il n'est, en effet, nullement débiteur.

Mais en ce qui concerne le paiement des intérêts notre solution est tout autre et nous disons que l'usufruitier en est personnellement tenu envers les créanciers. Le raisonnement que nous avons fait sur le sens du mot contribuer contenu dans l'article 612 et sur la nécessité de restreindre la portée de la dérogation à la règle que le successeur particulier n'est pas tenu des dettes, ce raisonnement ne serait pas de mise ici. Ici le paiement des intérêts apparaît comme une charge des fruits dont l'usufruitier est personnellement tenu. Et cette solution est parfaitement conforme avec la règle que donne la loi pour le paiement d'arrérages ou d'annuités passives quelconques. L'article 608 ne dit-il pas « qu'il en est tenu ». L'article 610 que nous retrouvons plus tard ne dit-il pas que le legs fait par un testateur, d'une rente viagère ou pension alimentaire, doit être acquitté par le légataire universel de l'usufruit dans son intégrité, et par le légataire à titre universel de l'usufruit dans la proportion de sa jouissance, sans aucune répétition de leur part ?

II. — La contribution de l'usufruitier aux intérêts peut se présenter sous une seconde forme.

Il avance le capital, lequel ne lui est remboursé qu'à la fin de l'usufruit et sans intérêt jusque-là (612).

L'avance du capital est facultative pour l'usufruitier qui n'est tenu que des intérêts. L'article 612 porte : « Si l'usufruitier *veut... s'il ne veut pas avancer le capital.* »

III. — Le propriétaire paie les créanciers. L'usufruitier en ce cas lui doit l'intérêt des sommes payées.

Alors à propos de ces deux dernières formes de la contribution de l'usufruitier aux intérêts se pose la double question suivante.

Le nu-propriétaire doit-il, de plein droit et sans demander à l'usufruitier les intérêts du capital que celui-ci aurait avancé, à partir de la fin de l'usufruit, échéance du remboursement ?

Et réciproquement, l'usufruitier doit-il, de plein droit et sans demande au nu-propriétaire les intérêts du capital dont celui-ci aurait fait l'avance ?

L'article 1153 semble résoudre la question : les intérêts, dit-il, ne sont dus que du jour de la demande, excepté dans les cas où la loi les fait courir de plein droit.

Or, l'article 612 n'apporte aucune exception à la règle de l'article 1153. La question semble donc résolue négativement.

C'est ce que soutint l'avocat général à la Cour de cassation le 23 avril 1860 dans une espèce ou les héritiers de l'usufruitier réclamaient contre le nu-propriétaire les intérêts du capital avancé par leur auteur.

Mais la Cour de cassation a rejeté cette doctrine avec beaucoup de raison, suivant nous.

Les motifs de l'affirmative sont en effet très sérieux.

Il n'y a pas à rechercher, a-t-on dit, si l'article 612 apporte ou non une exception à la règle de l'article 1153 visant les rapports de débiteur et de créancier. L'article 612 établit des dispositions spéciales relatives aux rapports du nu-propriétaire et de l'usufruitier, rapports tout particuliers et nullement identiques aux rapports entre débiteur et créancier.

Or, si nous examinons les termes et les motifs de l'article 612, nous trouvons, par exemple, que l'usufruitier qui a avancé le capital n'a droit à la répétition de ce capital qu'à la fin de l'usufruit sans aucun intérêt. Pourquoi? Parce que jusque là sa jouissance matérielle de la chose lui a tenu lieu d'intérêts. Mais à la fin de l'usufruit, la jouissance de plein droit passe au propriétaire déjà débiteur du capital avancé : il doit donc par une juste compensation, compte aussi de plein droit, à l'usufruitier des intérêts de cette somme.

Pour le cas où c'est le propriétaire qui a payé la somme, nous serons encore moins embarrassé pour permettre au propriétaire d'exiger les intérêts de plein droit de l'usufruitier, car l'article 612 dispose que l'usufruitier dans ce cas lui tient compte des intérêts pendant la durée de l'usufruit, disposition absolue qui ne se soumet à aucune condition de demande judiciaire.

Nous avons examiné les trois aspects sous lesquels se présente la contribution de l'usufruitier aux intérêts.

Une question se présente au point de vue de la prescription qui devrait ou non courir contre un usufruitier qui serait créancier du nu-propriétaire.

Deux hypothèses nous semblent intéressantes.

Celle où l'usufruitier est lui-même créancier du propriétaire pour une dette quelconque.

Celle où il est créancier du capital dont il a fait l'avance en vertu de l'article 612.

La prescription courra-t-elle contre lui pendant la durée de l'usufruit ? Nous n'admettons pas la même solution dans les deux hypothèses.

La prescription courra contre lui dans le premier cas.

Il peut en effet dans ce cas exiger son paiement à l'échéance, sans être tenu d'attendre l'extinction de l'usufruit. La circonstance que le créancier a l'usufruit des biens de son débiteur n'est point considérée par la loi comme suspendant la prescription. Or l'article 2251 dit que la prescription court contre toutes personnes à moins qu'elles ne soient dans quelque exception établie par une loi. Cela a été ainsi jugé contre une veuve qui restée usufruitière des biens de son mari, avait laissé passer trente ans sans réclamer sa dot contre les héritiers.

Suivant Proudhon, au contraire, la jouissance de l'usufruitier constitue un exercice de son droit de créance, droit qui dès lors ne saurait se prescrire. L'usufruitisr universel, dit-il, jouit de sa créance puisqu'il profite des intérêts qu'il est censé se payer à lui-même, aini que l'y oblige sa qualité (n° 760 et s. et 1909).

Ce raisonnement ne nous semble pas exact. L'usufruitier dans notre espèce n'est que créancier d'un capital. Il y a une créance de capital dont on ne peut jouir qu'en touchant ce capital. Le fait de se verser à soi-même des intérêts ne saurait constituer un exercice du droit de la créance capable d'empêcher la prescription de courir contre l'usufruitier.

La réfutation nous semble assez solide : mais notre argument principal consiste en ceci que l'usufruitier creancier pour une dette quelconque peut en cette dernière qualité exiger son paiement à l'échéance sans être tenu d'attendre l'extinction de l'usufruit, sauf à lui à servir ensuite au propriétaire l'intérêt de la somme qu'il aura touchée, et par voie de conséquence, s'il n'agit pas, la prescription courra contre lui.

C'est pourquoi, dans le second cas, celui où l'usufruitier est créancier du capital dont il a fait l'avance nous admettons que la prescription ne court pas contre lui.

Non pas en vertu du raisonnement de Proudhon parce qu'il possède, et qu'il recueille les fruits des biens soumis à son droit, fruits au moyen desquels il est réputé se payer chaque année à lui-même les intérêts du capital qu'il a déboursé, et que la prescription ne court que contre celui qui ne possède pas.

Mais parce que sa créance est à terme et qu'il ne peut agir avant l'échéance de ce terme en général incertain.

Le principe de la contribution aux intérêts de l'article 612 est applicable aux arrérages des rentes.

L'article 610 porte « que le legs fait par un testateur d'une rente viagère ou pension alimentaire doit être acquitté par le légataire universel dans son intégrité et par le légataire à titre universel de l'usufruit dans la proportion de sa jouissance, sans aucune répétition de leur part. »

Les arrérages au point de vue passif sont donc traités comme les intérêts.

Ils le seraient aussi au point de vue actif. Ainsi l'usufruitier d'une rente viagère en perçoit les arrérages sans être tenu à aucune restitution (588).

A fortiori en serait-il de même des arrérages d'une rente perpétuelle? Le Code ne parle que des rentes viagères parce que c'était dans l'ancien droit une question très controversée de savoir si les arrérages d'une rente viagère étaient des intérêts, question tranchée par l'article 588 du Code dans le sens de l'affirmative (Cf. Pothier. *Donations entre mari et femme*, n°s 219, 220). (Douaire, 24).

L'article 612 s'appliquerait à toutes les rentes ou pensions viagères même non alimentaires que le nu-propriétaire devrait pour une cause quelconque. En général, les articles 610, 611 et 612, bien que n'ayant en vue que l'hypothèse d'un testament, ne doivent pas être entendus d'une manière restrictive.

L'article 612 s'appliquerait aux frais funéraires, de scellés, d'inventaire, aux legs de sommes d'argent, aux frais de la demande en délivrance des legs.

L'article 612, lorsque l'usufruit résulte d'une disposition à cause de mort, s'appliquerait même aux dettes du défunt envers l'héritier, ce dernier eût-il accepté purement (Bergerac, 18 mai 1852).

En résumé, il s'applique à toutes les charges affectant un patrimoine grevé d'usufruit. La dette légale d'aliments deviendrait une de ces charges dans l'hypothèse d'un enfant incestueux ou adultérin ayant droit à des aliments sur la succession de ses père et mère (762).

De même, nous venons de le dire, bien que les articles 610, 611 et 612 ne visent que l'hypothèse d'un testament, il faudrait les étendre aux autres modes de constitution à titre gratuit de l'usufruit. C'est, suivant nous, le principe qu'il faudrait adopter, sauf à tenir un compte rigoureux de la volonté du donateur.

C'est le principe contraire que nous adopterions, au contraire, s'il s'agissait d'un usufruit constitué à titre onéreux. Un acquéreur à titre onéreux n'est pas tenu, en effet, des dettes de son auteur ; mais nous tiendrions encore de même ici un compte rigoureux de la volonté des parties (Cf. Marcadé, 610-612. — Ducaurroy, Bonnier et Roustaing, II, 612. — Demolombe, 548).

On a jugé qu'un testateur ne peut dispenser un légataire universel en usufruit de supporter les intérêts des dettes de sa succession (Montpellier, 12 janv. 1832). Mais on peut léguer l'usufruit de tous ses biens et, en outre, une somme d'argent quelconque égale par exemple au montant des intérêts des dettes.

Mais pour nous cette dispense est valable et elle doit être interprétee précisément comme si le défunt avait légué au légataire universel de l'usufruit une somme pour payer les dettes. Sans doute sur la poursuite des créanciers, le légataire devra payer sa part dans les dettes, mais il aura son recours contre l'héritier que le testateur peut charger du paiement de toutes les dettes. On doit respecter la volonté du testateur quant au paiement des dettes.

On devrait respecter de même les conventions qui interviendraient entre les divers successeurs, touchant notre question. Voici un cas qui s'est présenté devant la Cour de cassation (12 juillet 1865). La veuve, usufruitière universelle en vertu du contrat de mariage, renonce à son usufruit en le limitant à certains objets déterminés. Vis à vis des créanciers, elle restera tenue des dettes dans les termes de l'article 612. Entre les héritiers du mari et la veuve, la convention sera valable ; la veuve usufruitière particulière ne sera plus tenue des dettes, et obligée de payer aux créanciers, elle recourra contre les héritiers du mari. Si la Cour de cassation ne s'est pas prononcée sur la question, c'est qu'il y avait un arrêt passé en force de chose jugée qui la décidait en faveur de la femme.

Des frais des procès.

L'article 613 porte : « L'usufruitier n'est tenu que des frais des procès qui concernent la jouissance, et des autres condamations auxquelles ces procès peuvent donner lieu. »

Donc si le procès concerne la seule jouissance, c'est l'affaire de de l'usufruitier.

Si le procès concerne la seule nue-propritë, c'est l'affaire du propriétaire.

Mais *quid* si le procès concerne la pleine propriété ?

Un procès ne concerne la pleine propriété que si le nu-propriétaire et l'usufruitier y figurent. Une instance ne porte jamais que sur les intérêts des parties en cause et par suite la chose jugée ne peut nuire ou profiter à des tiers.

On admet pourtant que le paiement prononcé dans une instance dirigée contre le nu-propriétaire seul ou l'usufruitier seul profite à l'usufruitier ou au nu-propriétaire.

Mais on décide qu'il lui nuit.

En conséquence si le propriétaire seul succombe, l'usufruitier ne sera pas tenu des frais. Aucune raison de les lui faire supporter, puisqu'il est resté étranger au procès.

Si le propriétaire triomphe au contraire, l'usufruitier devra contribuer dans la proportion de son intérêt. Il faut donc qu'il profite du résultat. Le nu-propriétaire sera réputé représenter l'usufruitier comme gérant d'affaires.

En conséquence si l'usufruitier seul succombe, il supporte seul les frais, le nu-propriétaire étant resté étranger au procès. Il les supporte seul d'autant plus qu'il est en faute d'être resté seul au procès et de ne pas avoir dénoncé au propriétaire en vertu de l'arcle 614 le trouble causé par l'action iutentée contre lui, qui menaçait en même temps les droits du propriétaire.

Si l'usufruitier triomphe au contraire et que le nu-propriétaire profite du résultat, il contribuera aux frais dans les limites de son intérêt.

De plus la décision judiciaire rendue au profit, soit du nu-propriétaire seul, soit de l'usufruitier seul, pourrait être invoquée par celui qui n'était pas en cause, (Ducaurroy, Bonnier et Roustain, t. II, p. 142, n° 215).

Supposons maintenant un procès où le nu-propriétaire et l'usufruitier sont mis ensemble en cause, et ce sera le cas le plus fréquent, car le demandeur est intéressé à agir ainsi, le procès concernant la propriété entière, et la propriété étant démembrée.

Soit la revendication d'un tiers qui se prétend plein propriétaire de la chose, soit une action en partage ou en bornage dans laquelle figurent et l'usufruitier et le propriétaire, soit une action confessoire ou négatoire relative à une servitude, soit une action en réparation d'un dommage causé par un tiers sur la chose.

Le nu-propriétaire et l'usufruitier succombent. Ils sont condamnés. Les condamnations au fond devront être supportées par chacun d'eux dans le rapport de son intérêt. Ainsi la condamnation au délaissement de la chose sera ordonnée contre celui qui détient ; celle à la restitution des fruits, contre celui qui les a perçus ; celle en dommages-intérêts contre celui dont le fait a nui au demandeur.

Quid de la condamnation aux frais ?

L'article 613 pose le principe que l'usufruitier n'est tenu que des frais des procès qui concernent la jouissance. Mais il est bien clair qu'un procès qui concerne la pleine propriété concerne en même temps la jouissance, et que l'usufruitier doit être tenu de la condamnation aux frais.

Mais dans quelle mesure?

Les frais sont suivant nous à la charge du nu-propriétaire pour le capital et de l'usufruitier pour les intérêts, en vertu de l'article 609. Nous les considérons comme une charge de la pleine propriété. Nous appliquons donc l'article 609 pour tous les dépens lorsque le procès a été perdu, et pour les dépens non recouvrables contre l'adversaire lorsque le procès a été gagné.

Cette opinion est très combattue.

Une autre opinion veut que les frais se divisent par portions égales, la quotité de l'intérêt respectif de plusieurs demandeurs ou de plusieurs défendeurs étant indifférente en ce qui concerne les dépens. Cette opinion nie également que les frais des procès constituent une charge imposée sur la pleine propriété et rentrant dans les termes de l'article 609. Les frais que fait chaque partie constituant une dépense faite dans l'intérêt de sa défense. Enfin la faute de chacun d'eux en soutenant un procès injuste cause toujours un tort égal au gagnant : d'où nécessité de la division par portions égales.

Duvergier presente à l'appui de cette seconde opinion une considération fort spécieuse : « Je ne vois pas pourquoi, dit-il, lorsque le propriétaire et l'usufruitier sont actionnés à la fois, que les deux instances sont réunies, on suivrait pour l'acquittement des frais, un système différent de celui que l'on croit devoir adopter, lorsque les instances sont formées succesivement et séparément.

Dans ce dernier cas, le propriétaire et l'usufruitier, qui succombent, doivent supporter tous les frais du procès, dans lequel chacun d'eux a été partie ; même décision pour les frais non recouvrables, lorsqu'ils ont obtenu gain de cause ; ces deux points sont à l'abri de toute controverse... Si l'on suppose que les deux procès ont été réunis et qu'un même jugement les a terminés, il n'y a pas de raison pour qu'on suive un procédé différent ; par conséquent, chacun paiera ses frais par moitié et non proportionnellement, car il n'existe ni société, ni communauté entre l'usufruitier et le nu-propriétaire (sur Toullier, t. II, n° 434, note *b*.).

Cette considération ingénieuse ne noûs convainc pourtant pas. Et en effet il nous est impossible de voir une identité entre deux procès intentés successivement contre le nu-propriétaire et contre l'usufruitier et un seul procès intenté simultanément contre les deux. Dans ce dernier cas il y a un lien créé entre l'usufruitier et le nu-propriétaire qui sans être des communistes proprement dits, ont certainement des rapports assez étroits entre eux. Et alors la répartition proportionnelle nous paraît s'imposer, fondée comme elle est sur l'esprit de la loi, l'article 609 fournissant un argument d'analogie fort puissant. Si en cas de procès séparé contre l'usufruitier ou contre le nu-propriétaire, on n'établit pas le principe proportionnel, c'est qu'il serait impossible de l'appliquer.

Ce système qui nous paraît préférable, nous serons pourtant obligés de nous en écarter dans un certain cas, bien que pourtant certains auteurs y restent quand même attachés. C'est le cas où par suite du procès perdu par le nu-propriétaire et l'usufruitier, l'usufruit serait éteint, soit la revendication admise de la propriété de l'immeuble.

Il nous semble alors que l'usufruit étant éteint, le principe proportionnel est inapplicable ; car les intérêts pour lesquels l'usufruitier contribueait n'auraient pas leur contre-partie dans les fruits à percevoir. Il n'y a eu ni usufruit, ni une propriété. La répartition virile s'impose. Il y a deux plaideurs ordinaires qui ont perdu le procès et qui supportent les frais par moitié (Zachariœ, t. II, p. 261, Demolombe, 623).

Cependant Demante (cours analyt. t. II, n° 456 bis, v.) reste même dans cette hypothèse, attaché au principe proportionnel. Celui qui se prétendait nu-propriétaire paiera le montant des frais et celui qui se prétendait usufruitier lui en servira les intérêts jusqu'à l'époque où son usufruit se serait éteint, c'est-à-dire jusqu'à sa mort. Mais l'usufruit éteint, sur quel principe s'appuira-t-on pour faire servir ces intérêts pour l'usufruitier ? Pourra-t-on invoquer encore l'article 609 et les considérer comme une déduction des fruits de la chose ? Évidemment non.

Un système beaucoup moins logique encore est celui de Marcadé qui voudrait que l'on établît la proportion de ce que l'usufruit peut valoir (eu égard à l'âge et aux forces de l'usufruitier) relativement à la nue propriété et que l'usufruitier payât les frais dans cette proportion (t. II, art. 613, n° 1).

III

OBLIGATIONS DE L'USUFRUITIER A LA FIN DE L'USUFRUIT.

L'usufruitier est tenu à la fin de l'usufruit de restituer au propriétaire les choses qui en étaient grevées et de les restituer en aussi bon état.

Nous avons déjà envisagé l'obligation aux réparations d'entretien, même au moment de l'extinction de l'usufruit.

En quoi consiste l'obligation de restitution ?

Cela dépend des droits qu'il a sur les biens grevés de l'usufruit, et par conséquent de l'espèce de ces biens.

I. — Soit des immeubles, des fonds de terre ou bâtiments.

La question se résout sous les articles 585 et 586.

L'article 585 porte : « Les fruits naturels ou industriels pendants par branches ou par racines au moment où finit 'usufruit appartiennent au propriétaire, sans récompense de part et d'autre des labours et des semences, mais aussi sans préjudice de la portion des fruits qui pourrait être acquise au colon partiaire, s'il en existait un à la cessation de l'usufruit.

L'usufruitier doit donc restituer tous les fruits qui ne sont pas détachés du sol au moment où finit l'usufruit. Il n'importerait pas que les fruits eussent atteint leur pleine maturité pendant la durée de l'usufruit et que l'usufruitier eût été empêché de faire la récolte par un cas de force majeure.

« Il n'y a lieu à aucune récompense de part et d'autre des labours et des semences. » Si donc au moment de l'extinction de l'usufruit, la récolte, dont l'usufruitier a fait les frais est encore sur pied, il n'a droit à aucune récompense de la part du nu-propriétaire. Le texte est formel, il a mis fin à une vive controverse de l'ancien droit sur cette question (cf. Pothier, Douaire, 201-272. — Innov. au tit. XII, n° 43). Il faut reconnaître qu'il est contraire à la maxime d'équité consacrée par l'article 548. *Fructus non intelliguntur nisi deductis impensis.*

La portion du colon partiaire lui est assurée contre l'usufruitier au commencement de l'usufruit ; mais à l'extinction de l'usufruit c'est contre le propriétaire qu'il aura à agir.

L'article 585 règle le cas où le fonds est exploité par l'usufruitier lui-même ; l'article 586 règle le cas où le fonds est affermé.

Il porte : « Les fruits civils sont réputés s'acquérir jour par jour, et appartiennent à l'usufruitier à proportion de la durée de son usufruit. Cette règle s'applique aux prix des baux à ferme, aux loyers des maisons et aux autres « fruits civils. »

Si la terre est affermée par l'usufruitier c'est d'après les principes relatifs à l'acquisition des fruits civils que doivent être réglés dans ce cas les droits des parties à l'extinction de l'usufruit et par conséquent l'étendue de l'obligation de restitution de la part de l'usufruitier.

Or d'après ces principes, les fruits civils sont réputés s'acquérir jour par jour.

Donc il n'y a lieu, en aucune façon, de s'arrêter à la perception naturelle ou physique des fruits.

Ce qu'il faut considérer c'est l'existence simultanée du bail et de l'usufruit; c'est au moment où cette simultanété se produit que se produit aussi l'acquisition successive et quotidienne des fermages qui servira de base à l'évaluation de l'étendue de l'obligation de restitution à la fin de l'usufruit.

Cette obligation de restitution aura une étendue et un objet tout différents selon qu'il s'agira de fruits naturels ou de fruits civils, selon que le fonds sera exploité par l'usufruitier lui-même, ou sera affermé par lui. Et même quand il sera affermé, il sera très important de savoir s'il y a véritablement un bail producteur de fruits civils. Ainsi si le fermier s'est oblige à fournir au bailleur, non pas une somme d'argent non pas une quantité de denrées fixe et invariable, mais une certaine quantité de fruits en nature à prendre sur le fond, une telle hypothèse serait régie par l'article 585 relative aux fruits naturels.

Les loyers des maisons sont des fruits civils régis par l'article 586.

II. — *Soit des rentes viagères ou plus généralement des choses incorporelles.*

L'article 588 porte « l'usufruit d'une rente viagère donne aussi à l'usufruitier, pendant la durée de son usufruit, le droit d'en percevoir les arrérages, sans être tenu à aucune restitution. »

Cette dispense de restitution est un principe nouveau posé par les rédacteurs du code qui font de la rente viagère un être distinct des arrérages qu'elle produit et qui considèrent comme fruits civils les arrérages des rentes, c'est-à-dire de toutes les rentes sans aucune distinction (584).

Dans l'ancien droit au contraire l'opinion générale était qu'il y avait lieu à une restitution, la rente viagère ne semblant pas avoir un capital distinct des intérêts qu'elle produit. Les uns voulaient que l'usufruitier restituât l'estimation de la valeur de la rente : les autres exigeaient la restitution de tous les arrérages sans distinction, et certains seulement des arrérages représentant une portion du capital lui-même. Enfin Pothier voulait la restitution d'une estimation au cas où la rente viagère était établie sur la tête de l'usufruitier lui-même et ne voulait aucune obligation de restitution lorsque la rente viagère était constituée sur la tête d'une personne autre que l'usufruitier, parce que la rente viagère forme quelque chose de rèel et de séparable de l'usufruit (Donations entre mari et femme, 219. Douaire, 24).

L'article 588 pose le principe qu'il n'y a aucune obligation de restitution.

Il faut appliquer le même principe au cas où l'usufruit serait établi sur un autre usufruit soit mobilier, soit immobilier. L'usufruitier ne sera en aucun cas tenu à la restitution des fruits qu'il a perçus. L'article 1568 applique le droit commun au mari quand il dit. « Si un usufruit a été constitué en dot, le mari ou ses héritiers ne sont obligés, à la dissolution du mariage, que de restituer le droit d'usufruit, et non les fruits échus durant le mariage.

Il faut appliquer le même principe dans le cas où l'usufruit comprendrait un bail à ferme. Mais ceci a été contesté et par une raison spécieuse c'est que dans un bail, l'objet du droit du fermier, ce sont les fruits eux-mêmes qu'il doit recueillir ; ce n'est plus comme dans le cas où la rente viagère et l'usufruit forment la substance même du droit. Cependant la jurisprudence tend à appliquer le principe qu'il n'y a pas lieu à restitution dans le but pratique d'éviter les complications de comptes à régler entre l'usufruitier et le nu-propriétaire (Cass. 19 janvier 1857).

III. — *Soit des choses qui sans se consommer de suite, se détériorent peu à peu par l'usage.*

L'article 589 porte : « Si l'usufruit comprend des choses qui, sans se consommer de suite, se détériorent peu à peu par l'usage, comme du linge, des meubles meublants, l'usufruitier a le droit de s'en servir pour l'usage auquel elles sont destinées, et n'est obligé de les rendre, à la fin de l'usufruit, que dans l'état où elles se trouvent, non détériorées par son dol ou par sa faute. »

Les choses auront été détériorées par sa faute, s'il est établi qu'il ne les a pas fait soigner et réparer, comme un bon père de famille aurait dû le faire.

L'article 13 du projet correspondant à notre article 589, renfermait un second alinéa, ainsi conçu : « si quelqu'une de ces choses se trouve entièrement consommée par l'usage, aussi sans dol et sans faute de la part de l'usufruitier, il est dispensé de la représenter à la fin de l'usufruit. »

Mais cette disposition fut retranchée sur la demande de Tronchet, qui fit observer : « qu'il est difficile que les meubles soumis à l'usufruit soient tellement consommés par l'usage qu'il n'en reste absolument rien ; que cependant on donnerait à l'usufruitier la facilité de les soustraire à son profit, si on ne l'obligeait pas à représenter ce qui en reste. »

En cas d'impossibilité de présenter l'usufruitier pourrait toujours fournir la preuve de la perte totale par cas fortuit.

Il peut y avoir difficulté de savoir s'il y a lieu d'appliquer l'article 589 sur les choses qui sans se consommer de suite se détériorent peu à peu par l'usage, ou bien l'article 587, sur les choses dont on ne peut faire usage sans les consommer. Ce dernier article qui règle le quasi-usufruit, n'exige pas naturellement la restitution de la chose, mais la restitution de pareille quantité, qualité et valeur ou de l'estimation. C'est ainsi que des choses : « *quarum usus non in abusu consistit*; » peuvent être dérobées par la volonté des parties à l'application de l'article 587.

C'est ainsi que la question se pose de savoir quel article est applicable à l'usufruit d'un fonds de commerce. L'article 587 ou l'article 589. Et pour l'achalandage, l'établissement commercial on applique l'article 589 en principe à moins que l'intention des parties n'ait été de le placer sous l'empire de l'article 587.

Quant au matériel, on distingue en général entre les instruments de commerce, les instruments de fabrication qu'on soumet à l'article 589, et les marchandises elles-mêmes qu'on place sous l'empire de l'article 587.

IV. — *Soit des bois, des mines ou des carrières, ou des animaux.*

Des bois.

Des bois taillis. — L'usufruitier est tenu d'observer l'ordre et la quotité des coupes, conformément à l'aménagement est à l'usage constant des propriétaires (590).

L'usufruitier qui ferait une coupe par anticipation devrait donc une indemnité au nu-propriétaire.

Mais il faudrait que le fait de l'anticipation eût fait éprouver un dommage au nu-propriétaire. Il se peut en effet que l'usufruit ne finissant que postérieurement à l'époque fixée pour la coupe, le nu-propriétaire, loin d'éprouver un préjudice de l'anticipation, profite de la valeur de la nouvelle recrue qui ne serait pas produite sans cela.

Mais les arbres coupés même par anticipation deviennent la propriété de l'usufruitier *silvam cæduam, etiamsi intempestive cæsa sit, in fructu esse constat* (l. 48, § 1, D. *de usuf.*). Il ne saurait aucunement être tenu à leur restitution.

Si l'usufruitier a fait par anticipation des coupes qu'il n'avait pas le droit de faire, il est tenu d'une indemnité envers le nu-propriétaire, s'il lui a causé un préjudice. L'article 590 ajoute au contraire que l'usufruitier n'aurait droit à aucune indemnité pour les coupes ordinaires, soit de taillis, soit de baliveaux, soit de futaie, qu'il n'aurait pas faites pendant sa jouissance.

Mais pourrait-il opposer à la demande en indemnité pour coupes qu'il n'aurait pas dû faire, les bénéfices que le nu-propriétaire retire des coupes que lui, usufruitier, n'aurait pas faites ? Pourrait-il se produire une compensation ?

Nous ne le croyons pas ; et il faut dire en principe que l'usufruitier devant une indemnité, le nu-propriétaire n'en devant pas, et la compensation ne pouvant s'opérer qu'entre personnes respectivement débitrices l'une de l'autre, il n'y a pas de compensation possible (1289).

Pépinières.

590 2° : « Les arbres qu'on peut tirer d'une pépinière sans la dégrader, ne font aussi partie de l'usufruit qu'à la charge par l'usufruitier de se conformer aux usages des lieux pour le remplacement.

Haute-futaie.

Les bois de haute-futaie en principe ne sont pas des fruits « *tanquam super imposita et permanens superficies*, dit Dumoulin. Ils ne deviennent des fruits que s'ils ont été mis en coupes réglées (591-592).

Si l'usufruitier avait abattu des arbres de haute-futaie non mis en coupes réglées, il devrait certainement restituer au nu-propriétaire les arbres eux-mêmes ou leur valeur.

Nous avons discuté plus haut la question de savoir si cette indemnité est exigible *hic* et *nunc* ou seulement à l'expiration de l'usufruit.

Arbres fruitiers.

L'article 594 dit des arbres fruitiers que ceux qui meurent, ceux même qui sont arrachés ou brisés par accident, appartiennent à l'usufruitier, à la charge de les remplacer par d'autres.

DES MINES ET CARRIÈRES (L. de 1810).

L'usufruitier jouit des mines et carrières qui sont en exploitation à l'ouverture de l'usufruit.

Lorsque la concession de la mine qui était déjà en exploitation à l'époque de l'ouverture de l'usufruit a été faite à un autre qu'au propriétaire l'usufruitier a le droit de percevoir la redevance indemnitaire (18, l. 1810). Dans le cas où la mine n'était pas encore en exploitation, à l'époque de l'ouverture de l'usufruit, l'usufruitier n'y a aucun droit.

A l'égard des carrières et des tourbières, les mêmes considérations d'utilité publique qui ont dicté les dispositions de la loi de 1810 en ce qui concerne les mines n'existent pas; l'exploitation n'en peut donc avoir lieu que du consentement du propriétaire (81, 83, l. 1810).

Des animaux.

615. — « Si l'usufruit n'est établi que sur un animal qui vient à périr sans la faute de l'usufruitier, celui-ci n'est pas tenu d'en rendre un autre, ni d'en payer l'estimation. » Mais la perte de l'animal éteint son usufruit, et il est alors tenu de rendre le cuir

au nu-propriétaire, 616. « Si le troupeau sur lequel un usufruit a été établi périt entièrement par accident ou par maladie, et sans la faute de l'usufruitier, celui-ci n'est tenu envers le propriétaire que de lui rendre compte des cuirs ou de leur valeur.

Si le troupeau ne périt pas entièrement l'usufruitier est tenu de remplacer, jusqu'à concurrence du croît, les têtes des animaux qui ont péri.

L'usufruit ne s'éteint qu'autant que le troupeau périt entièrement (616) et non pas comme dans le droit romain lorsque le nombre des animaux se trouve tellement diminué qu'il ne mérite plus le nom de troupeau, *ut grex non intelligatur.*

Comment le nu-propriétaire rentre-t-il en possession et en jouissance du bien, qui était grevé d'usufruit? Et à partir de quelle époque a-t-il droit aux fruits et aux intérêts?

Pothier dit (Douaire 269) : « Aussitôt que l'usufruit de la douairière est éteint par se mort, ou autrement, l'héritier du mari ou ses successeurs à la propriété des héritages dont la douairière jouissait en usufruit, *rentrent de plein droit*, dans la jouissance desdits héritages, qui n'avait été séparée de la propriété desdits héritages que pour le temps que le droit de l'usufruit devait durer dans la personne de la douairière.

Le nu-propriétaire rentre de plein droit dans la pleine propriété.

Du jour de l'extinction de l'usufruit le nu-propriétaire peut intenter les actions possessoires.

Peut réclamer soit les fruits naturels ou industriels suivant les principes des articles 583, 585.

Soit les fruits civils suivant les principes des articles 584, 586.

Ex quo perdiderit fructuarius usumfructum, æstimabuntur in restitutione fructus. .

Voici où la difficulté peut naître.

Le propriétaire a-t-il droit avant toute demande dès le jour de l'extinction de l'usufruit, aux intérêts d'une somme due par l'usufruitier ?

Pothier décide formellement que l'héritier ne doit les intérêts qu'à partir de la demande judiciaire (Douaire 287).

« Lorsque le douaire, dit-il, consistait en une somme d'argent dont la douairière jouissait pour son douaire, l'héritier du mari, à la mort de la douairière, n'a contre les héritiers de la douairière qu'une simple créance pour la restitution de cette somme, dont les héritiers *ne doivent les intérêts* que du jour de la demande judiciaire. »

On peut ajouter que telle est la règle pour ces sortes d'obligations (1153) : « Ils ne sont dus que du jour de la demande, excepté dans le cas où la loi les fait courir de plein droit ». Or, la loi n'a pas fait exception pour le cas qui nous occupe.

Si on leur oppose l'article 586 : « Les fruits civils appartiennent à l'usufruitier à proportion de la durée de son usufruit », les partisans de la doctrine de Pothier répondent que l'article 586 n'est applicable que lorsqu'il s'agit des intérêts *des créances* qui font elles-mêmes l'objet de l'usufruit. Lorsque l'usufruitier est débiteur d'une somme d'argent, ce n'est plus l'hypothèse de l'article 586, mais celle de l'article 1153. L'article 1570 décide bien le contraire pour l'usufruit du mari sur la dot; mais c'est là une exception au principe général, exception qu'on ne saurait étendre et qui, d'ailleurs, est motivée par la faveur due à la dot.

Cependant la doctrine qui fait courir les intérêts de plein droit semble plus juridique à M. Demolombe (637) et voici le raisonnement très judicieux qu'il fait :

« Ne pourrait-on pas dire qu'il ne s'agit ici ni de débiteur ni de créancier; que l'héritier de l'usufruitier n'est véritablement que le détenteur du bien, dont le nu-propriétaire dès le jour où l'usufruit s'est éteint, a dû recouvrer la jouissance, et que lors même qu'il s'agit d'argent comptant et du montant de l'estimation des choses, qui sont devenues la propriété de l'usufruitier, il est encore exact que la somme à payer par l'héritier de l'usufruitier, représente la chose due nu-propriétaire, qu'elle est réputée être cette chose elle-même, et que dès lors on ne doit pas admettre que l'héritier de l'usufruitier en garde les intérêts, de manière à faire ainsi survivre, en quelque sorte, l'usufruit à l'événement qui doit l'éteindre ? » (Cass. 23 avril 1860).

Quels sont les droits et les obligations de l'usufruitier (ou de ses héritiers) relativement aux objets qu'il a placés sur la chose grevée d'usufruit et aux travaux qu'il y a exécutés ?

L'article 599 porte : « Le propriétaire ne peut par son fait ni de quelque manière nuire aux droits de l'usufruitier.

Dè son côté, l'usufruitier ne peut, à la cessation de l'usufruit, réclamer aucune indemnité pour les améliorations qu'il prétendrait avoir faites, encore que la valeur de la chose en fût augmentée.

Il peut cependant, ou ses héritiers, enlever les glaces, tableaux et autres ornements qu'il aurait fait placer, mais à la charge de rétablir les lieux dans leur premier état.

Commentons le second alinéa :

« L'usufruitier ne peut à la cessation de l'usufruit, réclamer aucune indemnité pour les améliorations qu'il prétendrait avoir faites encore que la valeur de la chose en fût augmentée.

« L'équité semble d'abord s'opposer, disait le tribun Gary devant le Corps législatif, dans la séance du 9 pluviôse an XII, à ce que le propriétaire profite, aux dépens de l'usufruitier, de l'amélioration évidente de sa chose ; mais quand on considère que l'usufruitier en a lui-même recueilli le fruit : que cette amélioration n'est d'ailleurs aux yeux de la loi, que le résultat d'une jouissance éclairée et d'une administration sage et vigilante, quand on pense qu'il ne doit pas être au pouvoir de l'usufruitier de grever d'avance le propriétaire de répétitions qui pourraient souvent lui être onéreuses ; quand on songe enfin aux contestations iufinies qu'étouffe dans leur naissance la disposition qui vous est soumise, on ne peut lui refuser son assentiment » (Fenet. p. 233).

Mais s'il s'agissait d'une même chose les améliorations pourraient se compenser avec les détérioriations imputables à l'usufruitier : car, comme le dit Pothier (douaire 277), un héritage ne peut être censé détérioré que sous la déduction de ce dont il est amélioré.

Que comprend le mot amélioration : comprend-il les grosses réparations ? Nous avons soutenu plus haut la négative. Nous avons nié que la grosse réparation fût assimilable à l'amélioration. La distinction est même nettement faite dans un grand nombre d'articles du Code (861, 862, 1381, 1634, 1635, 2175). L'article 599 ne fait donc pas obstacle à ce que l'usufruitier puisse réclamer une indemnité au nu-propriétaire pour grosse réparation.

Comprend-il les constructions nouvelles ? La question est vivement controversée. Faut-il appliquer aux constructions nouvelles élevées par l'usufruitier, l'article 599 qui l'exclut de toute indemnité ?

Ou l'article 555 qui oblige le propriétaire qui conserve les constructions, au remboursement de la valeur des matériaux et du prix de la main-d'œuvre, sans égard à la plus ou moins grande augmentation de valeur que le fonds a pu recevoir, si le tiers est de mauvaise foi (mais il a droit à la suppression des constructions).

Et si le tiers est de bonne foi, au remboursement à son choix, soit de la valeur des matériaux et du prix de la main-d'œuvre, soit d'une somme égale à celle dont le fonds a augmenté de valeur (mais il n'a pas droit à la suppression des constructions).

Ceux qui prétendent que le mot améliorations comprend les constructions nouvelles et que par conséquent le nu-propriétaire a le droit de les garder sans payer aucune indemnité à l'usufruitier raisonnent ainsi :

Le mot amélioration a dans la langue du droit un sens absolu, général, applicable aux constructions comme à tous autres ouvrages propres à augmenter la valeur d'une chose.

Domat et Pothier comprennent expressément les constructions dans les améliorations, et cela, en statuant sur la question même qui nous occupe. Les termes de l'article 599 loin d'indiquer une innovation, montrent clairement au contraire qu'on est resté dans les anciens principes. Toute amélioration quelle qu'elle soit, faite par l'usufruitier, est soumise à la règle de l'article 599 cet article étant conçu en termes absolus, et n'admettant dès lors ni distinction, ni exception. Dira-t-on que si le propriétaire s'enrichit des constructions, ce n'est pas injustement, *cum injuria*. Si l'usufruitier a fait des constructions peu importantes, il a alors retiré un avantage suffisant pour lui-même de ces améliorations. Si l'usufruitier a fait des constructions importantes, sachant qu'il ne pouvait prescrire. il n'a pas encore le droit de se plaindre. De deux choses l'une en effet : ou il a voulu faire une donation, ou il a voulu jouer un méchant tour au propriétaire.

Dans aucun des deux cas, il n'est en droit de se plaindre. Il n'en est pas de même du possesseur de mauvaise foi qui avait l'espoir de prescrire et qui est régi par l'article 555.

Si en effet, ajoute-t-on, vous appliquez 555 à l'usufruitier, comme 555 régit outre les constructions, les plantations et les ouvrages faits par l'usufruitier, que restera-t-il dans la sphère d'application de 599 ?

De plus l'article 555 parle d'un tiers. Or, un tiers, c'est une personne qui est sans titre particulier à l'égard du propriétaire. Ce n'est pas un usufruitier, un fermier. Par cette raison déjà l'article 555 ne paraît concerner que le simple possesseur et être étranger à l'usufruitier.

Nous n'adoptons pas cette manière de voir et à notre avis le mot amélioration employé par l'article 599 ne comprend pas les constructions nouvelles. D'où le propriétaire ne pourra les conserver qu'en se conformant à l'article 555, en payant à l'usufruitier ce qu'elles lui ont coûté.

En effet le mot amélioration a un sens restreint qu'il est impossible d'adapter à des bâtiments construits sur un sol sec.

Le droit romain et l'ancienne jurisprudence ne permettaient pas il est vrai, à l'usufruitier de réclamer une indemnité pour les constructions qu'il avait faites.

Mais ce n'était pas pour distinguer sa situation de celle du possesseur de mauvaise foi, comme on pourrait le croire : c'était au contraire pour les assimiler l'un à l'autre. Le possesseur de mauvaise foi, lui non plus, n'avait droit à aucune indemnité on disait de lui : « *donasse videtur* » que peut-il avoir voulu faire sinon une donation en bâtissant sur un terrain qu'il savait ne pas être à lui?

Or cette fiction *donasse videtur*, notre Code ne permet pas de l'invoquer même contre les possesseurs de mauvaise foi? Pourquoi n'en serait-il pas de même de l'usufruitier :

Dans l'opinion contraire on prétend que le propriétaire ne s'enrichit pas injustement, car la jouissance de l'usufruitier a compensé pour lui ses dépenses de construction. Cette argutie admissible pour de petites constructions, devient inacceptable quand il s'agit de constructions importantes (Demolombe. Duranton 380).

Des auteurs pensant que l'article 555 ne saurait s'appliquer textuellement entre l'usufruttier et le nu-propriétaire, n'astreignent ce dernier qu'au remboursement de la plus value. Mais c'est là n'appliquer ni l'article 555 ni l'article 599 et par conséquent faire de l'arbitraire. L'article 555 est appliquable au nu-propriétaire ; il faut le lui appliquer tel qu'il est.

Le mot améliorations de l'article 599 ne comprend donc pas les constructions nouvelles.

Comprend-il les réparations d'entretien? Non plus. Si l'usufruitier qui a fait les réparations d'entretien n'a droit à aucune indemnité ce n'est pas en vertu de l'article 509, mais en vertu de l'obligation même où il était de les faire, obligation posée par l'article 605.

Que comprend donc le mot amélioration de l'article 599? Ce mot a un sens étroit et limité. M. Demolombe dit qu'il ne comprend que les ouvrages qui sans dénaturer la chose et n'étant pas d'ailleurs commandés par la nécessité de sa conservation ou de son entretien, ont pour résultat de l'augmenter, de la compléter, de la rendre plus productive, plus utile ou plus agréable (645).

Ce sera dans la pratique une question de fait.

Le troisième alinéa de l'article 698 porte : Il peut seulement, ou ses héritiers, enlever les glaces, tableaux et autres ornements qu'il aurait fait placer, mais à la charge de rétablir les lieux dans leur premier état. » Dans cette classe d'objets nous comprendrons les meubles meublants, et tous les objets mobiliers quelconques, destinés à l'usage de la personne ou du ménage ou à l'exploitation du fonds et qui n'adhèrent à la chose par aucune attache.

Mais irons-nous jusqu'à dire avec Pothier (Douaire, 270) qu'il doit être permis d'emporter toutes les choses que la douairière a apportées dans la maison dont elle jouissait, quand même ces choses y seraient attachées à fer et à clous, de manière qu'elles eussent été censées faire partie de la maison, si elles y eussent été mises par un propriétaire?

Ces meubles ayant été placés par l'usufruitier pour le temps de sa jouissance, sont restés, suivant Pothier, sa propriété ; ce qui fait qu'il a, lui ou ses héritiers, le droit de les enlever, au même titre que les meubles par lui apportés pour se meubler ou pour exploiter le fonds.

Pothier ajoute : « à moins que le propriétaire de la maison n'offrît d'en rembourser le prix. »

Mais cette solution est incompatible avec l'article 518, qui dit que les bâtiments et par conséquent toutes les parties constitutives des bâtiments sont immeubles par nature, d'où les parquets, les chambranles, les croisées même dont parle Pothier, sont immeubles par leur nature et par conséquent non susceptibles d'enlèvement comme les objets mobiliers visés par le troisième alinéa de l'article 599.

Cependant certains interprètes nient que ces mobiliers placés par l'usufruitier aient perdu leur qualité de meubles et ils prétendent, en suivant le raisonnement de Pothier que le Code permet d'enlever.

Quant aux objets qui quoique placés par l'usufruitier auraient perdu leur qualité de meubles, pour devenir certainement des accessoires de l'immeuble, la loi ne les comprenant pas parmi les objets que l'usufruitier a le droit d'enlever, il est obligé de les laisser. Cette solution qui résulte implicitement de l'article 599, est d'ailleurs commandée par les principes de l'accession. Sur ce point on a aucune hésitation à suivre la doctrine de Pothier quand il dit (Douaire, 272). « On peut apporter pour exemple, les échalas qu'elle a mis dans les vignes, les fumiers qu'elle a mis dans les terres, un pavé neuf qu'elle a mis dans une chambre à la place d'un vieux qui était usé. » Toutes ces choses, et autres semblables, sont censées faire partie de l'héritage, et ne peuvent être emportées par les héritiers de la douairière.

Voilà quelles sont les obligations de l'usufruitier ou de ses héritiers relativement aux objets qu'il a placés sur la chose grevée d'usufruit et aux travaux qu'il a exécutés.

Relativement aux objets à l'égard desquels l'usufruitier n'a ni le droit d'enlèvement, ni le droit à une indemnité, le texte se place à l'époque de la cessation de l'usufruit. Mais *quid* pendant la durée de l'usufruit ? L'usufruitier pourrait-il enlever les améliorations ?

Proudhon enseigne la négative et se fondant sur la loi romaine : *sed si quid inœdificaverit, postea eum neque reficere posse* (l. 15, pr. D. *de usuf.*), (III, n° 112, 8).

Forvet disait au contraire que l'usufruitier peut détruire les améliorations par lui faites pourvu que son usufruit dure encore (t. II, l. II, t. X, § 1).

Il faut distinguer, suivant nous, si la destruction et l'enlèvement ont lieu dans l'intérêt de la jouissance et alors on les permettrait, ou s'ils ont lieu pour faire fraude à l'article 599, et aux approches de la cessation de l'usufruit, et alors on ne les permettrait pas (Demolombe 646).

Le principe consacré par l'article 599 est applicable à l'usufruit des biens meubles tout comme à l'usufruit établi sur des immeubles.

Tout débiteur qui se prétend libéré, doit justifier le fait qui a produit sa libération (1315). Si donc à l'extinction de l'usufruit, l'usufruitier ou son héritier prétend n'être pas tenu de restituer les choses au nu-propriétaire, s'il allègue par exemple, qu'elles ont péri par cas fortuit ou force majeure, c'est à lui à prouver le fait (1302). De même, s'il les restitue détériorées, c'est à lui à prouver que les détériorations ne proviennent point de sa faute.

POSITIONS

DROIT ROMAIN

I. — Le testateur ne peut faire remise à l'usufruitier de la caution usufructuaire.

II. — L'usufruitier qui comble les vides d'un troupeau n'est pas obligé de prendre le croît né au moment où le troupeau était au complet.

III. — L'usufruitier n'est pas tenu de faire les grosses réparations. S'il les fait, il a un recours contre le propriétaire suivant les principes de la gestion d'affaires.

IV. — La décharge des réparations d'entretien par l'abandon de l'usufrnit s'entend du passé.

V. — Si l'usufruitier cède le droit même d'usufruit, la cession est nulle, mais elle n'éteint pas l'usufruit.

VI. — La *fidejussio in duriorem causam* est nulle pour le tout.

DROIT CIVIL

I. — Le retard de procéder à l'inventaire ne prive pas l'usufruitier des fruits.

II. — L'usufruitier dispensé de fournir caution à l'égard d'un immeuble n'est pas tenu d'en fournir une pour toucher le capital provenant de la vente ou de l'adjudication de l'immeuble.

III. — On ne pourrait donner à l'article 607 que le sens suivant : Le nu-propriétaire n'est pas tenu des grosses réparations, ce que dit déjà l'article 605.

IV. — L'usufruitier n'est pas tenu des rentes foncières.

V. - La prescription courra contre l'usufruitier, créancier lui-même du propriétaire pour une dette quelconque ; elle ne courra pas contre l'usufruitier, créancier du capital avancé, suivant l'article 612.

VI. — Le Code civil a supprimé l'ancienne classification des fautes.

VII. — L'article 299 du Code civil s'applique à la séparation de corps.

VIII. — L'article 504 du Code civil ne s'applique pas aux donations et aux testaments.

DROIT ANCIEN

I. — La règle *creditur virgini...* n'était pas admise avec des conséquences absolues au point de vue de la recherche de la paternité.

II. — L'usufruitier ne devait pas le relief en vertu des principes qui régissaient ce droit.

DROIT DES GENS

I. — La faculté accordée de lever des troupes doit être considérée comme un acte contraire à la neutralité de la part de la nation neutre.

II. — La fiction d'exterritorialité est inutile pour expliquer l'indépendance de l'ambassadeur.

III. — La prescription libératoire est régie par le lieu où l'obligation a pris naissance.

DROIT CRIMINEL

I. — Les substituts agissent en vertu d'une délégation spéciale et directe de la loi.

II. — Les attaques aux biens peuvent constituer des cas de légitime défense.

Vu par le Président de la thèse,
GARSONNET.

Vu par le Doyen,
CH. BEUDANT.

Vu et permis d'imprimer,
Le Vice-Recteur de l'Académie de Paris,
GRÉARD.

Imprim. A. DERENNE, Mayenne. — Paris, boulevard Saint-Michel, 52.

BIBLIOTHÈQUE NATIONALE R.F. IMPRIMÉS

www.ingramcontent.com/pod-product-compliance
Ingram Content Group UK Ltd.
Pitfield, Milton Keynes, MK11 3LW, UK
UKHW020323230726
13925UKWH00002B/588